U0127990

正變‧通變‧新變
上冊

再版
前言

　　這套「中國美學範疇叢書」初版於二〇〇一年，時隔十五年再版，作為編委與作者，依然感到書不盡言，言不盡意。

　　中國美學範疇，顧名思義，是對中國數千年源遠流長的美學與文藝史理論的概括。範疇這個術語本是從西方哲學引進的。西方所謂範疇是指人類主體對事物普遍本質的認識與把握。它與概念不同，概念一般反映某個具體事物的類屬性，而範疇則是對事物總體本質的認識與把握。中國美學的範疇與西方美學相比，富有體驗性與感知性，善於在審美感興中直擊對象，這種範疇把握，融情感與認識、哲理與意興於一體，正如嚴羽《滄浪詩話》所說「唐人尚意興而理在其中」。中國美學範疇，實際上是中國古代美學與哲學智慧的彰顯，也是藝術精神的呈現。諸如感興、意象、神思、格調、情志、知音等美學範疇，既是對中國美學與文藝活動的總結與概括，也是人們從事藝術批評時的器具。對中國美學範疇的認識與研究，不僅是一種學術研究與認識，而且還是一種體驗與濡染的精神活動。中國美學範疇的生成與闡述，與個體生命的活動息息相關，這種美學範疇在社會形態日漸工具化的今天，其精神價值與藝術價值越發顯得重要。中國當代美學範疇與精神的構建，毫無疑問應當從中國傳統美學範疇中汲取滋養。

　　這套叢書緣起於一九八七年，當時正是國內人文思潮湧動的時

候，那時我還是在中國人民大學哲學系美學教研室任教的一名年輕副教授。吾師蔡鍾翔教授與中國人民大學中文系的同事成復旺、黃保真教授一起編寫出版了《中國文學理論史》，接著又發起與組織編寫了「中國美學範疇叢書」，歷時十三年，於二〇〇一年由百花洲文藝出版社出版了第一輯，有《美在自然》、《文質彬彬》、《和：審美理想之維》、《興：藝術生命的激活》、《原創在氣》、《因動成勢》、《風骨的意味》、《意境探微》、《意象範疇的流變》、《雄渾與沉鬱》等十本。我承擔了其中的《和：審美理想之維》、《興：藝術生命的激活》兩本。

　　在編寫這套叢書時，蔡老師作為主編，撰寫了總序，確定了基本的編寫思想，對於什麼是中國美學範疇及其特點，作出了闡釋，將其歸納為：一、多義性與模糊性；二、傳承性與變易性；三、通貫性與互滲性；四、直覺性與整體性；五、靈活性與隨意性。這五點是中國美學範疇的特點。強調中國美學範疇的認識與體驗、情感與理性、個體與總體的有機融合。另外，蔡師也強調「中國美學範疇叢書」的編寫與出版，是隨著中國美學的研究深入而催生的。在上個世紀八十年代初的美學熱中，對於中國美學史的興趣成為當時亮麗的風景線，我在當時也開始寫作《六朝美學》一書。而隨著中國美學史研究的深入，人們越來越對中國美學範疇產生了濃厚的興趣，在當時，意象、意境、境界、神思、比興、妙悟等範疇成為人們的談資，時見於論文與著作中，也是文藝學與美學中的熱門話題。正是有鑒於此，彙集這方面的專家與學者，編寫一套專門研究中國美學範疇的高水平叢書的策劃，便應運而生。正如蔡師在全書總序中所說：「『叢書』選題主要是

元範疇和核心範疇，也包括少量重要的衍生範疇，在這些範疇之內涵蓋若干相關的次要範疇。這是對中國傳統美學範疇的一次全面深入的調查，工程是浩大的、艱難的，但確是意義深遠的，它將為中國美學和中國文論的史的研究和體系研究打下堅實的基礎。」

這套書從策劃到編寫，再到出版，歷經十多年，作為撰寫者與助手的我，見證了蔡師的嘔心瀝血，不辭辛勞。比如揚州大學古風教授撰寫的《意境探微》一書，傾注了蔡老師審稿時的大量心血。儘管古教授當時已經在《中國社會科學》、《文藝研究》、《文學評論》等刊物發表了相關論文，在這方面成果不少，但是蔡老師本著精益求精的方針，反覆與他通信商談書稿的修改，經過多次打磨與修改之後，最後形成了目前出版的書稿。記得那時我和蔡老師都住在人民大學校內，每次我去他家拜訪時，總是見到他在昏黃的檯燈下伏案看稿與改稿，聊天時也是談書稿的事。有時他對作者書稿的質量與修改很是著急與焦慮，我也只好安慰他幾句。

本叢書體現這樣的學術立場與宗旨。這就是：一、追求「究天人之際，通古今之變，成一家之言」的學術旨趣。每本書都以範疇的歷史演變與範疇的結構解析為基本框架，同時，立足於探討中國美學範疇的當代價值與當代轉化。作者在遵循基本體例的同時，又有著鮮明的個性與觀點，彰顯「和而不同」的學術自由精神。二、本著「萬物並育而不相害，道並行而不相悖」的兼容并包之襟懷，融會中西，將中國美學範疇與西方美學與文化相比較，盡量在比較中進行闡釋，避免全盤西化或者唯古是好的偏執態度。

　　值得一提的是，叢書的第一輯出版後，在二〇〇二年五月二十五日、叢書編委會與江西百花洲文藝出版社在中國人民大學中文系舉行了第一輯的出版座談會，當時在京的一些著名學者侯敏澤、葉朗、童慶炳、張少康、陳傳才，以及詹福瑞、韓經太、左東嶺、朱良志、張晶、張方等學者參加了座談會並作了發言，我也有幸與會。學者們充分肯定了這套叢書的出版對於推動中國美學的研究，有著積極的意義，認為這套書具有很高的學術水準。與會者讚揚這套書體現了古今融會、歷史的演變與範疇的解析相貫通的學術特色，同時也提出了中肯的意見。正是在這些鼓勵之下，叢書的編委會與作者經過五年的繼續努力，於二〇〇六年底出版了叢書第二輯的十本，即《美的考索》、《志情理：藝術的基元》、《正變‧通變‧新變》、《心物感應與情景交融》、《神思：藝術的精靈》、《大音希聲——妙悟的審美考察》、《虛實掩映之間》、《清淡美論辨析》、《雅論與雅俗之辨》、《藝味說》等。第二輯與第一輯相比，內容更加豐富，涉及中國美學與藝術的一些深層範疇，寫法愈加靈動，與藝術創作的結合也更加明顯。顯然，中國美學範疇研究的水平隨著叢書的推進也得到相應的提升。

　　從二〇〇六年叢書第二輯出版至今天，一晃又過去了十年。令人哀傷的是，蔡老師因病於二〇〇九年去世了。原先設想的出版三十本的計劃也終止了。在這十年中，中國美學範疇的研究有了很大的進展，比如將中國美學範疇與中國文化、中國哲學相連繫的論著問世不少，將中西美學範疇進行比較研究的成果也頗為可觀。但是這套叢書的學術價值歷經時間的考驗，不但沒有過時，相反更顯示出它的內在

價值與水平。時值當下對中國傳統文化與國學的研究與討論的熱潮，這套叢書的實事求是的治學態度，認真負責的撰寫精神，以及浸潤其中的追求人文與學術統一、古今融會、中西交融的學術立場，不追逐浮躁，潛心問學的心志，在當前越發彰顯其意義與價值。在當前研究中國美學的書系中，這套叢書的地位與價值是不可替代的，在今天再版，實在是大有必要。在這十年中，發生了許多變故，叢書的顧問王元化、王運熙先生，副主編陳良運先生，編委黃保真先生，作者郁沅先生等，以及當初關心與幫助過這套叢書的著名學者侯敏澤、童慶炳先生，還有責任編輯朱光甫先生，已經離世，令人傷懷。對於他們的辛勞與幫助，我們將永遠銘記在心。今天，這套叢書的再版，也蘊含著紀念這些先生的意義在內。

本次再版，百花洲文藝出版社本著弘揚優秀傳統文化的宗旨，經過與作者協商，在重新校訂與修訂的基礎之上，將原來的叢書出版，個別書目因各種原因，未納入再版系列。相信此次再版，將在原來的基礎之上，提升叢書的水平與質量。至於書中的不足，也有待讀者的批評與指正。

袁濟喜

二〇一六年十二月三十一日

總序

　　範疇，是對事物、現象的本質連繫的概括。範疇在認識過程中的作用，正如列寧所指出的，它「是區分過程中的梯級，即認識世界的過程中的梯級，是幫助我們認識和掌握自然現象之網的網上紐結」（《哲學筆記》）。人類的理論思維，如果不憑藉概念、範疇，是無法展開也無從表達的。美學範疇，同哲學範疇一樣，是理論思維的結晶和支點。一部美學史，在一定意義上也可以說是一部美學範疇發展史，新範疇的出現，舊範疇的衰歇，範疇含義的傳承、更新、嬗變，以及範疇體系的形成和演化，構成了美學史的基本內容。

　　中國傳統美學範疇，由於文化背景的特殊性，呈現出與西方美學範疇迥然不同的面貌，因而在世界美學史上具有獨特的價值。中國現代美學的建設，非常需要吸納融匯古代美學範疇中凝聚的審美認識的精粹。自二十世紀八十年代後期以來的十餘年中，美學範疇日益受到我國學界的重視，古代美學和古代文論的研究重心，在史的研究的基礎上，有逐漸向範疇研究和體系研究轉移的趨勢，這意味著學科研究的深化和推進，預計在二十一世紀這種趨勢還會進一步加強。到目前為止，研究美學、文藝學範疇的論文已大量湧現，專著也有多部問世，但嚴格地說，系統研究尚處在起步階段，發展的前景和開拓的空間是十分廣闊的。中國傳統美學範疇的特點是很突出的，根據現有的

研究成果，大致可以歸結為以下幾點：

一、多義性和模糊性。範疇中的大多數，古人從來沒有下過明確的定義或界說，因此，這些範疇就具有多種義項，其內涵和外延都是模糊的。如「境」這個範疇，就有好幾種含義。標榜「神韻」說的王士禎，卻缺乏對「神韻」一詞的任何明晰的解說。不僅對同一範疇不同的論者有不同的理解，同一個論者在不同的場合其用意也不盡相同。一個影響很大、出現頻率很高的範疇，使用者和接受者也只是仗著神而明之的體悟。

二、傳承性和變易性。範疇中的大多數，不限於一家一派，而是從創建以後便一代一代地傳承下去，成為歷代通行的範疇，但於其傳承的同時，範疇的內涵卻發生著歷史性的變化，後人不斷在舊的外殼中注入新義，大凡傳承愈久，變易就愈多，範疇的內涵也就變得十分複雜。如「興」這個範疇，始自孔子，本是屬於功能論的範疇，而後來又補充進「感興」、「興會」、「興寄」、「興托」等含義，則主要成為創作論的範疇了。

三、通貫性和互滲性。古代美學中有相當數量的範疇是帶有通貫性的，即貫通於審美活動的各個環節。如「氣」這個範疇，既屬本體論，又屬創作論；既屬作品論，也屬作家論，又屬批評、鑑賞論。至於各個範疇之間的互滲，如「趣」和「味」的互滲，「清」和「淡」的互滲，包括對立的互轉，如「巧」和「拙」的互轉，「生」和「熟」的互轉，就更加普遍。因而範疇之間千絲萬縷、交叉糾纏的關係，形成一個複雜的網絡。

　　四、直覺性和整體性。許多範疇是直覺思維的產物，其美學內涵究竟是什麼，只可意會，不可言傳。典型的例子如「味」這個範疇，什麼樣的作品是有滋味的，如何賞鑒作品才是品「味」，怎樣才是「辨於味」，「味外味」又何所指等等，都是不可能用言語來指實，只能是一種心領神會的直覺解悟。既然是直覺的，即不經過知性分析的，就必然是整體的把握。如風格論中的許多範疇，何謂「雄渾」，何謂「沖淡」，何謂「沉著痛快」，何謂「優游不迫」，都不可條分縷析。直覺性與模糊性無疑是有不可分割的連繫的。

　　五、靈活性和隨意性。漢語中存在大量的單音詞，其組合功能極強，一個單音詞和另一個單音詞組合便構成一個新的複音詞。中國古代美學利用組詞的靈活性，創建了許多新的範疇，如「韻」和「氣」組合構成「氣韻」，「韻」和「神」組成「神韻」，「韻」和「味」組成「韻味」，等等。而這種靈活性可以説達到了隨意的程度，一個主幹範疇能繁育滋生出一個龐大的範疇群或範疇系列，舉其極端的例子而言，如「氣」，不僅構成了「氣韻」、「氣象」、「氣勢」、「氣格」、「氣味」、「氣脈」、「氣骨」，還演化成「元氣」、「神氣」、「逸氣」、「奇氣」、「清氣」、「靜氣」、「老氣」、「客氣」、「屌氣」、「傖氣」、「山林氣」、「官場氣」等等，當然這些衍生的名稱未必都算得上範疇，但確有一部分上升到了範疇的地位。

　　上述這些傳統美學範疇的特點，也就是研究中的難點，要給予傳統美學範疇以現代詮釋，而不是以古釋古，難度是很大的。根本的問題在於古今思維方式的差異。我們現代的思維方式，基本上是採納了

西方的思維方式，因此在詮釋中很難找到對應的現代語彙，要將傳統美學範疇裝進現代邏輯的理論框架，便會感到方枘圓鑿，扞格難通。中國的傳統思維，經歷了不同於西方的發展道路，即沒有同原始思維決裂，相反地卻保留了原始思維的若干因素。我們不能同意西方某些人類學家的論斷，認為中國的傳統思維還停留在原始思維的水平。中國古人的理論思維在先秦時代已達到很高的水平，所保留的原始思維的痕跡，有些是合理的，保持了宇宙萬物的整體性和完整性，不以形式邏輯來切割肢解，是符合辯證法的原理的，在傳統美學範疇中也表現出這種長處。因此，研究中國美學範疇，必須結合古人的思維方式，連繫整個中國傳統文化的大背景來考察，庶幾能作出比較準確、接近原意的詮釋。範疇研究的深入自然會接觸到體系問題。中國古代美學家、文論家構築完整的理論體系者極少，但從範疇的整體來看是否構成了一個統一的體系呢？範疇的層次性是較為明顯的，如有些研究者區分為元範疇、核心範疇（或主幹範疇）、衍生範疇（或從屬範疇）等三個或更多的層次。但範疇之有無邏輯體系，研究者尚持有截然不同的觀點。我們傾向於首肯「潛體系」的說法，即範疇之間存在有機的連繫，範疇總體雖然沒有顯在的體系，卻可以探索出潛在的體系。但要將這種「潛體系」轉化為「顯體系」並非易事，因為這是兩種思維方式的轉換，轉換實際上是重建。有些研究者梳理整合出了一套範疇體系，只能是一家之言，是一種先行的試驗。由於對個別範疇還未研究深透，重建整個中國美學理論體系的條件就沒有完全成熟。於是我們萌發了一個構想，就是編輯一套「中國美學範疇叢書」，每一種

（或一對）範疇列一專題，寫成一本專著，對其美學內涵作詳盡的現代詮釋，並盡量收全在其自身發展的不同歷史階段上的代表性用法和代表性闡述，力爭通過歷史的評析揭示各範疇內涵邏輯展開的過程。「叢書」選題主要是元範疇和核心範疇，也包括少量重要的衍生範疇，在這些範疇之內涵蓋若干相關的次要範疇。這是對中國傳統美學範疇的一次全面深入的調查，工程是浩大的、艱難的，但確是意義深遠的，它將為中國美學和中國文論的史的研究和體系研究打下堅實的基礎。

這一工程從一九八七年開始策劃，歷時十三年，得到許多中青年學者的熱烈響應。更有幸的是，在世紀交替之年，獲得江西省新聞出版局和百花洲文藝出版社領導的大力支持，在他們的努力下，「叢書」被列入「十五」國家重點圖書出版規劃，「叢書」共計三十本，預定在四年內分三輯出齊。為此組織了力量較強的編委會，投入了充足的人力、物力、財力，力爭使「叢書」成為精品圖書。我們萬分感佩江西出版部門充分估計「叢書」學術價值的識見和積極為文化建設做貢獻的熱忱。最終的成果也許難以盡愜人意，但我們相信「叢書」的出版，必將在中國美學範疇研究的長途跋涉中留下一串深深的足印。

蔡鍾翔

陳良運

二〇〇一年三月

提　內
要　容

　　「正變」、「通變」、「新變」，是貫穿中國美學史和文學批評史的重要範疇。此書詳細論述了這三個範疇產生的歷史文化背景，以及它們的發展演變情況。在考辨源流、評說得失中，頗多創獲。《正變》部分對《詩大序》「風雅正變」說的全面考釋，不乏新意。其縱向梳理，亦頗具特色。對《文心雕龍》將「正變」轉換為「奇正」所做的深入論證，對白居易以「刺」詩（傳統稱作「變風」、「變雅」）為正聲所做的辯證評價，對許學夷以「正變」說建立詩學體系之開掘，對葉燮之「唯正有漸衰，故變能起衰」等理論命題美學內涵的把握，均富有啟迪性。〈通變〉部分，以具有里程碑意義的劉勰、皎然、葉燮為重點，同時論述了歷史上「通變」的多種形態。《新變》部分，肯定了「新變」派重審美愉樂、輕教化禮義的特點，肯定了「若無新變，不能代雄」的創作綱領。從「新變」在歷史上的發展演變的論證中，得出「一代有一代之新變」的結論。

下編
──
新變

第一章
「新變」產生的歷史文化背景

第二章
「永明聲律」說與「新變」

第三章
蕭子顯、蕭統、蕭綱、蕭繹、徐陵的「新變」論

第四章
隋唐文論中的「新變」

第五章
宋金元文論中的「新變」

第六章
從復古走向「新變」的明代

第七章
清代文論中的「新變」

第八章
近代文論的「新變」論

引 言

　　在中國的美學史和文學批評史上,「正變」、「通變」、「新變」這三個美學範疇,在藝術的審美觀照中,在文藝理論發展的長河中,產生過一定的影響。弄清它們的哲學、美學內涵,整理出它們發展演變的脈絡,考察歷代的文學理論批評家如何運用這些範疇來構造自己的理論框架,應當說是一件有意義的工作。

　　中國的美學範疇與西歐不同,像「正變」、「通變」、「新變」在西方的美學著作中是看不到的,是具有中華民族特色的美學範疇,我們所要弘揚的民族文化,也應包括具有中國民族特色的美學範疇。

上編

正變

第一章

先秦時代的「崇正抑變」

　　「正」與「變」是一個範疇的兩個方面，既對立而又統一。「正」，居於本體、主導與正宗的地位；「變」，是由「正」衍化而來，不居於主要地位，或者說是「正」的附庸。我們所說的「萬變不離其宗」，就是說不管如何變化，總離不開本體與正宗。中國是一個正統觀念很強的國家，「正」代表的是正統，為了維護自己的統治權，有的封建統治者是排斥變的，「天不變，道亦不變」體現了統治者的願望。但實際上，事物總處在不斷的變化之中，沒有「變」就沒有發展，「正」也就成了僵死的本體，所以不管歷史上曾有多少人壓制「變」、排斥「變」，但「變」總是排斥不了的，有時甚至出現「正變」互相異位的現象。這是事物發展的客觀規律決定的。

　　「崇正抑變」的美學思想，奠基於先秦時代。其奠基者是孔子。孔子生活的時代，正是禮崩樂壞的春秋末期，他立志要撥亂反正，對於禮樂、詩歌，他都企圖將它們納入「正」的軌道。他首先強調「正

名」，使一切「正」的事物具有名分。在《論語》〈子路〉中說：「名不正，則言不順；言不順，則事不成；事不成，則禮樂不興；禮樂不興，則刑罰不中；刑罰不中，則民無所錯手足。」在他看來，正名事關重大，只有名正才能言順，事業的成功與否，禮樂的興廢，法律執行得合不合適，都一一與正名有關，正名關係到治國安天下的問題。但此處的正名，還未明確與「變」的關係。在《論語》〈衛靈公〉中，他的「崇正抑變」思想表述得更加清楚了：

　　顏淵問為邦。子曰：「行夏之時，乘殷之輅，服周之冕，樂則《韶》、《舞》。放鄭聲，遠佞人。鄭聲淫，佞人殆。」

　　這裡的「行夏之時」即實行夏曆，夏曆以正月為歲首，正月是春夏秋冬四時之始，萬物皆從此而生。故孔子主張用夏曆。「乘殷之輅」，即乘坐殷代的車子。此車名大輅、木路、桑根車，車上只有一個蒲團，當時的天子、諸侯之所以乘這種車，是向人們昭示儉樸。「服周之冕」，即戴周代的冕冠。據《論語》註疏考訂，這種禮帽是上玄下黃，以倣法天地之色。禮帽上還帶垂旒，垂幾根旒，要根據地位而定，天子與諸侯、卿大夫均有所不同，這都是禮的規定。這種冕還附帶一種東西，叫作「黈纊」，也就是黃絲棉，用這種東西把耳朵塞起來。塞耳的目的，一是讓天子、諸侯等清靜，使其無為清靜以化下民；二是不讓他們任意視聽。「樂則《韶》、《舞》」，即樂舞用舜時樂《韶》和周武王時樂《舞》。《舞》，同《武》。孔子認為《韶》、《舞》是盡善盡美的。《論語》〈八佾〉說：「子謂《韶》，『盡美矣，又盡善也。』謂《武》，『盡美矣，未盡善也。』」《韶》、《舞》之所以備受孔子的推崇，因為它含有「揖讓受禪」的內容，堯把天下讓給舜，舜能傳授堯之德，

又把天下讓給禹，在內容上是善的，在形式上是美的。而《武》舞是周樂，是歌頌周武王以征伐取天下的，有殺伐之聲，雖然形式上很美，但內容上不算盡善。所以孔子說它「盡美矣，未盡善也。」《論語》〈述而〉說：「子在齊，聞《韶》，三月不知肉味，曰：『不圖為樂之至於斯也』。」可見孔子多麼醉心於《韶》舞。

　　從以上敘述可知，孔子是推崇古樂的，但在春秋時代，民間音樂興起了，而且頗為流行，那就是所謂「鄭、衛之聲」。對古樂來說，它是一種新樂，對古老的廟堂音樂來說，它是民間音樂，如以古樂為「正」，新樂就是「變」，這種新樂，有強大的生命力，不僅廣大的老百姓喜歡，也有少數上層統治者也很喜歡它。比如春秋時代的魏文侯，在政治上還算是個禮賢下士有所作為的君主，但他卻喜歡新樂，他聽古樂常常昏昏欲睡，聽新樂則不知疲倦。孔子與魏文侯不同，他對新樂採取排斥的態度，故說「鄭聲淫」、「放鄭聲」。孔子在《論語》中不止一次地發表「崇正抑變」、「崇雅抑俗」的觀點。《論語》〈陽貨〉說：

　　子曰：「惡紫之奪朱也，惡鄭聲之亂雅樂也，惡利口之覆邦家者。」

　　這裡又出現色彩的「正變」問題。古代以純色為正色，以兩色相雜為間色。正色指青、赤、黃、白、黑五色。《禮記》〈玉藻〉：「衣正色，裳間色。」孔穎達《疏》引南朝梁皇侃說：「正色謂青、赤、黃、白、黑五方正色也，不正，謂五方間色也，綠、紅、碧、紫、騮黃是也。」、「惡紫之奪朱」，朱（赤）是正色，紫是藍與紅混合而成，是間色。將正色與不正之色（間色）互相顛倒位置，是孔子最討厭的；間色不能充當正色。鄭國的淫樂亂了宮廷正統的雅樂，也是孔子所討厭

的。看來孔子不僅在音樂的欣賞方面崇正抑變，而且在色彩的審美中也是崇正抑變的，他認為，間色是兩種顏色混合而成，是一種變色、雜色，不純正。按照《禮記》的規定，正五色可以做上衣的顏色，間色只能做下衣，色彩的崇正抑變也是十分鮮明的。

　　尚純正之色，在古代已成為一種禮制。在周代，祭禮用的三牲（牛、羊、豬），都要用正色。周代尚赤，祭禮用的牛，毛色要用純赤色的。羊和豬沒有赤色的，便用黑色，黑色亦為正色。毛色雜的牛、羊、豬，連充任犧牲的資格都不夠。這方面《禮記》〈郊特牲〉等篇有詳細記載，《詩經》中也有所反映。如《詩經》〈魯頌〉〈閟宮〉：「享以騂犧，是饗是宜，降福既多。」騂，即赤色。鄭玄箋：「其牲用赤牛純色，與天子同也。」又《詩經》〈小雅〉〈大田〉：「以其騂黑，以享以祀，以介景福。」這裡的騂黑，指赤色的牛和黑色的羊豬，都是正色。夏、商、周三代，所尚之色不同，夏代尚黑，殷商尚白，周代尚赤，故三代祭禮，所用的犧牲，毛色有所不同，夏用黑色的牛，殷用白色的公牛，周用赤色的公牛。雖然有所變化，但仍不離正色。

　　色有「正變」，聲（音）也有「正變」。在古代，以宮、商、角、徵、羽為五音，這是古代的五個音級，相當於現代簡譜中的一、二、三、五、六。有的典籍稱五音為「正聲」。《六韜》〈五音〉說：「宮、商、角、徵、羽，此其正聲也。」正聲之外，有所謂變聲，常見者為變徵、變羽，變聲比正聲高半個音級，比較高亢，適合表現激昂慷慨的感情。但在雍容典雅的廟堂樂舞中是不准用的。有些場合，可以使用變聲。《史記》〈刺客列傳〉寫荊軻「至易水之上，既祖（祖餞），取道，高漸離擊築，荊軻和而歌，為變徵之聲，士皆垂淚涕泣。又前而為歌曰：『風蕭蕭兮易水寒，壯士一去兮不復還！』復為羽聲慷慨，士皆瞋

目，發盡上指冠。」這裡對變聲並無絲毫貶低之意。與「正變」在其他領域的鮮明軒輊有所不同。

從以上所述，可以粗略地看出，「正變」涉及輕禮、樂、詩、聲、色等許多領域。先秦的審美觀，從整體來看是崇「正」抑「變」的。「正」，是正品，是正宗，而「變」卻往往被貶低、遭排斥。儘管殷代的大輅，周代的冕，坐著、戴著不見得舒服和漂亮，但它們卻是孔老夫子心中的正牌貨。儘管《韶》、《武》之樂讓聽眾昏昏思睡，但孔子卻認為它是盡善盡美的，這是審美理想所決定了的。

第二章

《詩大序》的「風雅正變」說及其發展演變

第一節　《詩大序》與鄭玄《詩譜序》的「風雅正變」說

「正變」與詩歌發生關係，成為詩歌美學的一個範疇，是從漢代開始的。《詩大序》提出了「變風」、「變雅」的問題：

> 故詩有六義焉：一曰風，二曰賦，三曰比，四曰興，五曰雅，六曰頌。上以風化下，下以風刺上，主文而譎諫，言之者無罪，聞之者足以戒，故曰風。至於王道衰，禮義廢，政教失，國異政，家殊俗，而變風、變雅作矣。國史明乎得失之跡，傷人倫之廢，哀刑政之苛，吟詠情性，以風其上，達於事變而懷其舊俗者也。故變風發乎情，止乎禮義。發乎情，民之性也；止乎禮義，先王之澤也。是以一國之事，系一人之本，謂之風；言天下之事，形四方之風，謂之雅。雅

者，正也，言王政之所由廢興也。政有大小，故有小雅焉，有大雅焉。頌者，美盛德之形容，以其成功告於神明者也。是謂四始，詩之至也。然則〈關雎〉、〈麟趾〉之化，王者之風，故系之周公。南，言化自北而南也。〈鵲巢〉、〈騶虞〉之德，諸侯之風也，先王之所以教，故系之召公。〈周南〉、〈召南〉，正始之道，王化之基。是以〈關雎〉樂得淑女，以配君子，憂在進賢，不淫其色；哀窈窕，思賢才，而無傷善之心焉。是〈關雎〉之義也。

　　《詩大序》是漢代詩學的綱領性文件，它涉及的問題很多，此處不多置論，筆者僅從「正變」的角度，揭示它的美學內涵。

　　有「變風」、「變雅」，也必然存在「正風」、「正雅」。《詩大序》雖未明確指出「正風」、「正雅」，由於「正風」、「正雅」與「變風」、「變雅」產生的歷史條件和社會背景截然不同，創作的目的也不相同，我們可以這樣來理解：除「變風」、「變雅」之外的風、雅作品，都是「正風」、「正雅」。東漢的鄭玄，除了寫《詩譜序》之外，還有一篇《六藝論》，可惜全文已佚，唐人孔穎達僅在《毛詩正義》中引用了某些片斷，其中有「至周分為六詩」一句，值得我們注意。鄭玄對「六詩」的解釋，我們已無法看到了，直到五代的齊己，在他所著的《詩騷旨格》〈六詩〉中，我們才看到「六詩」的內容。所謂「六詩」，指「大雅」、「小雅」、「正風」、「變風」、「變大雅」、「變小雅」。這很可能就是鄭玄所謂的「六詩」。所以歷史上「正風」、「正雅」的名稱是存在的。

　　《詩大序》對《詩經》中的「風」、「小雅」、「大雅」、「頌」稱為「四始」。它對「四始」有一種定義性的解釋：「一國之事，系一人之本，謂之風；言天下之事，形四方之風，謂之雅。雅者，正也，言王政之所由廢興也。政有大小，故有小雅焉，有大雅焉。頌者，美盛德

之形容，以其成功告於神明者也。是謂四始，《詩》之至也。」孔穎達
《毛詩正義》引鄭玄《答張逸》云：「四始，風也，小雅也，大雅也，
頌也。此四者，人君行之則為興，廢之則為衰。」《毛詩正義》又引《鄭
箋》：「始者，王道興衰之所由。」

　　「四始」既然是「風」、「小雅」、「大雅」、「頌」，包括不包括「變
風」、「變雅」，沒有明確說明，從「四始」為「詩之至也」推斷，「四
始」應當不包括「變風」、「變雅」。「至」是至極的意思，是《詩經》
作品中備受推崇的部分，從政教上說，它是「正始之道，王化之基」。
也就是說，這些作品都是能夠「正」其初始之大道，是王業風化的基
本。上引《詩大序》的後一段，曾說：「〈周南〉、〈召南〉，正始之道，
王化之基」。「四始」之「始」字，與「正始」之「始」字，其含義是
相同的。後人又將「正始之道」稱為「正始之音」。所以「四始」在某
種意義上說，也是「四正」。它不應含「變風」、「變雅」。「四始」還
有一種說法，即《詩經》「風」、「小雅」、「大雅」、「頌」四種體裁的
詩排在第一篇的作品，稱為「四始」。這種說法出自《史記》〈孔子世
家〉：「〈關雎〉之亂以為〈風〉始，〈鹿鳴〉為〈小雅〉始，〈文王〉
為〈大雅〉始，〈清廟〉為〈頌〉始。」此說比《詩大序》的說法更為
分明，司馬遷是習《魯詩》的，這種說法有可能源於《魯詩》。這樣，
「四始」不包含「變風」、「變雅」就很明確了。

　　「四始」之作，產生於政治清明、風教盛行的時候，與「變風」、
「變雅」產生的時代與社會環境截然不同。這就是《樂記》所說的「聲
音之道，與政通矣」。《詩大序》也有類似的說法：「治世之音安，以樂
其政和；亂世之音怨，以怒其政乖；亡國之音哀，以思其民困。」[1]《樂

1　斷句採用錢鍾書《管錐編》之斷句法。

記》中也有這幾句話，有人認為是《詩大序》抄引《樂記》，也有人認為《樂記》產生時代比《詩大序》還晚，到底是誰抄誰的，一時難以弄清，姑且不多置論。總之，《詩大序》與《樂記》對治世與亂世的藝術作品有截然不同的風貌，其認識是一致的。劉勰的《文心雕龍》〈時序〉有兩句名言：「文變染乎世情，興廢繫於時序」，也是受《樂記》與《詩大序》的影響而概括出來的精闢觀點，而且涉及「變」的問題。

其實《詩大序》對「變風」、「變雅」的產生條件，也有它自己的論述：「至於王道衰，禮義廢，政教失，國異政，家殊俗，而變風、變雅作焉。」這足以說明，「變風」、「變雅」是衰世禮崩樂壞、天子諸侯失政、風衰俗怨的產物。詩人「傷人倫之廢，哀刑政之苛，吟詠情性，以風其上，達於事變而懷其舊俗者也」。這裡又涉及「變風」、「變雅」的另外兩個特點：

其一是「變風」、「變雅」的諷刺特點。「風」即「諷」。對「正風」、「正雅」來說，風即「風化」，是在上者以風化下，是宣諭天子或諸侯的「正始之道，王化之基」。就詩歌的「美刺」兩端來說，「正風」、「正雅」是「頌美」，而不含下諷刺上的問題，〈頌〉更不必說了，它本來是「頌美盛德」的，根本就不含諷刺。「正始」的「風」、「雅」、「頌」，都是一味地頌美，據古代經學家考證，「四始」之作均產生於周文王的時代，「風」、「大雅」、「小雅」、「頌」都以文王詩為始，文王時代是個聖明的時代，百姓和士大夫歌頌猶恐不及，沒有怨，也沒有刺。《詩經》中的十五國風，只有〈周南〉、〈召南〉二國風是「正風」，計二十五篇，其餘的十三國風都是變風，《毛詩正義》對每一首詩都附有《小序》，「二南」二十五首的《小序》都是頌美的，茲引錄幾首，以見一斑：

〈關雎〉，后妃之德也，風之始也，所以風天下而正夫妻也。故用之鄉人焉，用之邦國焉。（〈關雎〉小序）

〈葛覃〉，后妃之本也。后妃在父母家，則志在於女功之事，躬儉節用，服瀚濯之衣，尊敬師傅，則可以歸安父母，化天下以婦道也。（〈葛覃〉小序）

〈卷耳〉，后妃之志也。又當輔佐君子，求賢審官，知臣下之勤勞。內有進賢之志，而無險詖私謁之心，朝夕思念，至於憂勤也。（〈卷耳〉小序）

〈樛木〉，后妃逮下也，言能逮下而無嫉妒之心焉。（〈樛木〉小序）

〈螽斯〉，后妃子孫眾多也。言若螽斯不妒忌，則子孫眾多矣。（〈螽斯〉小序）

〈桃夭〉，后妃之所致也。不妒忌，則男女以正，婚姻以時，國無鰥民也。（〈桃夭〉小序）

〈兔罝〉，后妃之化也。〈關雎〉之化行，則莫不好德，賢人眾多也。（〈兔罝〉小序）

〈漢廣〉，德廣所及也，文王之德被於南國，美化行乎江漢之域，無思犯禮，求而不可得也。（〈漢廣〉小序）

　　「二南」的二十五篇小序，這裡引了八篇，已可看出「正風」是歌頌后妃之德和文王之化的。以今天的觀點來看，《小序》對詩作的主題認識，有不少是牽強附會的，或者說有些詩的主題被歪曲了，但《毛詩》是古代詩學的代表，漢代以前的《詩經》學，有齊、魯、韓、毛四家，唯《毛詩》傳了下來，《毛詩》的大小序，奠定了我國《詩經》學的基礎，也是中國古代詩學的發凡，其影響之大，是不可低估的。

　　前已敘及「正風」是什麼意思，那麼，「變風」的內涵又如何呢？用極通俗的話說，「變風」標誌著風向的改變，「正風」是頌美的，是以風化下，「變風」由頌美變為諷刺，是以下諷上，所以說風向改變了。我們略引《毛詩正義》中幾首「變風」的《小序》，就可看出二者的截然不同：

　　〈雄雉〉，刺衛宣公也。淫亂不恤國事，軍旅數起，大夫久役，男女怨曠，國人患之而作是詩。（〈邶風〉〈雄雉〉小序）

　　〈北風〉，刺虐也。衛國並為威虐，百姓不親，莫不相攜持而去焉。（〈邶風〉〈北風〉小序）

　　〈靜女〉，刺時也。衛君無道，夫人無德。（〈邶風〉〈靜女〉小序）

　　〈新台〉，刺衛宣公也。納伋之妻，作新台於河上而要之，國人惡之，因作是詩也。（〈邶風〉〈新台〉小序）

　　〈牆有茨〉，衛人刺其上焉。公子頑通乎君母，國人疾之，而不可道也。（〈鄘風〉〈牆有茨〉小序）

　　以上這些詩篇，都是「變風」，也均屬刺詩，由此可見，「正變」是與「美刺」密不可分的。

　　其二是「變風」、「變雅」具有「吟詠情性」的特點。《詩大序》說：「變風發乎情，止乎禮義。發乎情，民之性也；止乎禮義，先王之澤也。」《詩大序》在談到「正風」的時候，只強調美盛德和風化問題，沒有強調「吟詠情性」，這一點頗令人費解，「詩者，志之所之也，在心為志，發言為詩。」（《詩大序》），「正風」既是言志之作，焉能離開情呢？按《詩大序》的說法，「情動於中而形於言」便是詩，詩是離不開情的，但「言志」之說，最為古老。《尚書》〈堯典〉就有「詩言志」的說法，這是「正經」；「吟詠情性」之說比較晚出，最早見於《樂記》和《詩大序》，筆者試圖做這種理解：「言志」是「正」，「吟詠情性」是「變」。但「吟詠情性」不是隨隨便便地宣洩自己的情感，它還要受到一定的約束，還要歸入「禮義」的規範，因此《詩大序》要求「發乎情，止乎禮義」，即不要突破禮義之大防，不要忘記先王之澤，這實質上還是主張「變」不離「正」。它強調了詩歌的美學特點，卻又要納入「正」的軌道。這與「溫柔敦厚」的詩教，「主文而譎諫」的說法，構成了一個系列，正像張少康先生所說：「漢儒開始對孔子所說的『興觀群怨』的『怨』作了明顯的限制，『溫柔敦厚』也好，『主文而譎諫』也好，『發乎情，止乎禮義』也好，都是為了強調對上層統治者及其政治措施的批評必須限制在統治者可以接受的範圍之內；對社會黑暗的揭發，不能越出封建倫理道德規範，不能觸及統治者的地位和妨害封建秩序的穩固，必須嚴格遵守『禮義』的界限，不許越雷池一步。」[2]《詩大序》對於「變風」、「變雅」，表面看來並無多少貶抑，但實際上

2　《先秦兩漢文論選》前言，人民文學出版社1996年版，第23頁。

其所推崇的還是「正風」、「正雅」及「頌」，依然是「崇正抑變」的，對於歌功頌德的作品，他沒有任何限制，對「變風」、「變雅」的「吟詠情性，以風其上」，卻加以限制，還是「崇正抑變」的觀念在作怪。

　　《詩大序》之後，漢儒論及《詩經》「正變」的是東漢的鄭玄，他在《詩譜序》中說：

　　文、武之德，光熙前緒，以集大命於厥身，遂為天下父母，使民有政有居。其時詩：〈風〉有〈周南〉、〈召南〉，〈雅〉有〈鹿鳴〉、〈文王〉之屬。及成王、周公致太平，制禮作樂，而有〈頌〉聲興焉，盛之至也。本之由此〈風〉、〈雅〉而來，故皆錄之，謂之《詩》之正經。

　　這裡所說的〈周南〉、〈召南〉，都屬於「正風」。〈鹿鳴〉是〈小雅〉的首篇，《毛詩》〈小序〉云：「〈鹿鳴〉，燕群臣嘉賓也。既飲食之，又實幣帛筐篚，以將其厚意，然後忠臣嘉賓，得盡其心矣。」意思是說，〈鹿鳴〉是人君宴飲群臣嘉賓的一首詩，人君既設饗以飲之，又陳饌以食之，又把滿筐的幣帛賞賜群臣嘉賓，天子以此表示對群臣的厚意，群臣自然感恩不盡，所以要盡心儘力為人君效勞。君臣上下一片和樂，這當然是頌美人君的。〈文王〉是〈大雅〉的首篇。《毛詩》〈小序〉云：「〈文王〉，文王受命作周也。」意思是說，周文王是受天命而王天下並建立周邦的，這當然是歌頌文王的文治武功之作。〈鹿鳴〉、〈文王〉，按照司馬遷的說法，都是「四始」之一。至於「成王、周公致太平，制禮作樂，而有〈頌〉聲興焉」，當然是指〈周頌〉了。鄭玄把它們稱為「《詩》之正經」，其正統地位是確定了的。對《詩》之「正變」來說，這些作品是「正」，而不是「變」。鄭玄把「正」，又加了個「經」字，更加突出了對「正」的推崇。

緊接著，鄭玄《詩譜序》又論到「變風」、「變雅」：

後王稍更陵遲，懿王始受譖亨（烹）齊哀公，夷身失禮之後，邶
不尊賢，自是以下，厲也，幽也，政教尤衰，周室大壞。《十月之
交》、〈民勞〉、〈板〉、〈蕩〉，勃爾俱作，眾國紛然，刺怨相尋。五霸
之末，上無天子，下無方伯，善者誰賞，惡者誰罰，紀綱絕矣！故孔
子錄懿王、夷王時詩，訖於陳靈公淫亂之事，謂之變風、變雅。以為
勤民恤功，昭事上帝，則受頌聲，弘福如彼；若違而弗用，則被劫
殺，大禍如此。吉凶之所由，憂娛之萌漸，昭昭在斯，足作後王之
鑑，於是止矣。

鄭玄對「變風」、「變雅」產生的歷史政治條件的論述，和《詩大
序》基本是相同的，但鄭玄對周天子政治的衰敗，敘述得更加具體。
他指出周天子的失政，從周懿王開始。《史記》〈周本紀〉載：「懿王之
時，王室遂衰，詩人作刺。」而周懿王失政的大事，便是聽任譖言而烹
殺齊哀公，據《史記》〈齊太公世家〉載：「哀公時，紀侯譖之周，周
烹哀公而立其弟靜，是為胡公。」實際上齊哀公也不是一個好的諸侯
王。《史記索引》引宋忠曰：「哀公荒淫田游，國史作《還詩》以刺之
也。」可見，當周天子失政之時，諸侯也有失政的，也有詩作諷刺他
們。懿王之子夷王，夷王之子厲王，厲王之子宣王，宣王之子幽王，
簡直是一代不如一代，政衰民怨，民不堪命，國人莫敢言，道路以
目。他們不聽大臣的勸諫，任意胡行，於是產生了許多的刺詩，〈十月
之交〉、〈民勞〉、〈板〉、〈蕩〉便是代表作。〈十月之交〉是〈小雅〉
的一篇，《毛詩》〈小序〉云：「〈十月之交〉，大夫刺幽王也。」、「〈民
勞〉，召穆公刺厲王也。」、「〈板〉，凡伯刺厲王也。」、「〈蕩〉，召穆

公傷周室大壞也。厲王無道，天下蕩蕩，無綱紀文章，故作是詩也。」這四篇作品，都是典型的「變雅」，諷刺的對象均非常清楚，都屬於刺詩，此又可見「正變」與「美刺」是緊緊地聯在一起的。清代的程廷祚說：「漢儒論詩，不過美、刺兩端。」（《金陵叢書》本《青溪集》卷二《詩論》之十三《再論刺詩》）雖然說得過於絕對，卻也有一定道理，「美刺」確是漢代詩學的一個重要方面，從某種意義上說「美刺」就是「正變」，這是漢代詩學的大範疇。我們不可漫視之，在中國古典詩學中，「正變」（美刺）的影響之大，是不可低估的。「範疇，就是認識事物的網上小結。」（列寧《哲學筆記》引黑格爾《邏輯學》一書摘要）我們研究範疇，其目的就是通過一個個的「小結」去認識中國的詩學與美學。

　　鄭玄的《詩譜序》還褐櫫到〈風〉、〈雅〉「正變」的認識作用與存在價值問題。孔子是「崇正抑變」的，《詩大序》、《詩譜序》也是「崇正抑變」的。傳說孔子曾刪過《詩》，「變風」、「變雅」既非《詩》之「正經」，為何孔子不把它們刪掉呢？《詩譜序》說，這些「刺怨相尋」的刺詩、怨詩，以及周懿王、周夷王時代的刺詩，直至揭露陳靈公淫亂之事的詩，孔子卻錄而存之，「謂之變風、變雅」。據鄭玄的理解，孔子之所以「正變」全錄，是「正變」之作各有各的作用：「以為勤民恤功，昭示上帝，則受頌聲，弘福如彼」，這是指「正風」、「正雅」與〈頌〉說的，是正面教材，因聖明的天子以「勤民恤功」為務，可以向上帝表白，所以他們的下場是好的，自然受歌頌，享受上天所賜的洪福。反之，「若違而弗用，則被劫殺，大禍如此」。「違而弗用」指不勤民恤功，不昭事上帝，這樣不但聽不到頌聲，只可聽到罵聲，罵聲還是輕的，甚或引來殺身之禍。周厲王失政，引起國人叛亂，厲王出奔；周幽王荒淫無道，被犬戎殺死在驪山之下。他們都沒有好下場，諷刺

他們的「變風」、「變雅」之作也便有了歷史的垂戒作用。所以通過「變風」、「變雅」，可以認識「吉凶之所由，憂娛之萌漸」（《詩譜序》），「足作後王之鑒」（《詩譜序》），這正是「變雅」、「變雅」之作未被刪除的原因，也是「變風」、「變雅」的存在價值。

第二節　「風雅正變」說的淵源

關於「風雅正變」的淵源問題，學術界很少有人論及。唯朱自清先生在《詩言志辨》中明確提出「風雅正變」的淵源問題。從「正」、「變」對舉的詞語出處來說，他認為源於《莊子》與《管子》：

《莊子》〈齊遙游〉：「若夫乘天地之正而御六氣之辯以游無窮者，彼且惡乎待哉？」郭慶藩《莊子集釋》裡說：「辯與正對文，辯讀為變。《廣雅》：『辯，變也。』辯、變古通用。」這是不錯的。正辯就是正變。《管子》〈戒篇〉也有「御正六氣之變」一語。正變對文，這兩處似乎是最早見。六氣，司馬彪說是陰陽風雨晦明。（〈周語下〉「所以宣養六氣九德也。」韋昭註：「六氣，陰陽風雨晦明也。」）郭象注這幾句有道：「天地以萬物為體，而萬物必以自然為正。自然者，不為而自然者也。……故乘天地之正者，即是順萬物之性也；御六氣之辯者，即是游變化之涂也。」陰陽風雨晦明都關於氣象：「天有不測之風雲」，所以要「御」變。郭象「以自然為正」，言之成理；但牽及萬物，似乎不是原語意旨所在。……但是以失自然為變，不如以失常為變。〈素問〉〈六節藏象論〉云：「蒼天之氣，不得無常也。氣之不襲（承襲也），是謂非常；非常則變也。」王冰註：「變謂變易天常。」這似乎明白些。可是《白虎通》〈災變篇〉也道：「變者，非常也。」接著卻引《樂

稽耀嘉》曰：「禹將受位，天意大變。迅風靡木，雷雨晝冥。」這就複雜起來。《繫辭傳》、《莊子》、《白虎通》都説的「在天為變」，但《繫辭傳》以變為正為常，《莊子》以變為非正，《白虎通》以變為非常，各不相同。《莊子》裡的看法也許比《繫辭傳》早；前者似乎是一般常識，後者實在是一派哲學。[3]

　　以上是就「正」、「變」對舉的詞語出處而論，所涉及的是天道、自然、天氣的常（正）與變的問題，而且各家之説，並不相同，很難看出與「風雅正變」的淵源關係。緊接著，朱先生又三次引用《漢書》〈天文志〉，指出：「漢儒以為天變由於失政，是對人君的一種警告。」進而他得出結論：「《詩譜序》的風雅正變説顯然受了六氣正變的分別和天象正變的理論的影響；特別是後者，只看《序》裡歸結到『弘福』、『大禍』、『後王之鑑』，跟論災變的人同一口吻，就可知道。陰陽五行説是當代的顯學，鄭氏曾注諸《緯書》，更見得不能自外。但『變』還有一個重要的別義，也是助成他這一説的。」[4]引了《穀梁傳》〈僖公五年〉的一段文字：

　　夏，……公及齊侯、宋公、陳侯、衛侯、鄭伯、許男、曹伯會王世子於首戴。……秋八月，諸侯盟於首戴。無中事（中間無他事也）而復舉諸侯，何也？尊王世子而不敢與盟也（諸侯夏「會」王世子，秋始自相「盟」）。尊則其不敢與盟，何也？盟者，不相信也，故謹信也。不敢以所不信而加之尊者。（齊）桓，諸侯也，不能朝天子，是不

<hr>

3　　《朱自清説詩》，上海古籍出版社1998年版，第137-138頁。

4　　《朱自清説詩》第140頁。以下凡引朱自清之説均見此書，不一一出注。

臣也。王世子，子也，塊然受諸侯之尊己而立乎其位，是不子也。桓不臣，王世子不子，則其所善焉何也？是則「變之正」也。天子微，諸侯不享覲。桓控大國，扶小國，統諸侯，不能以朝天子，亦不敢致天王。尊王世子於首戴，乃所以尊天王之命也。世子含王命會齊桓，亦所以尊天王之命也。

「是則變之正也」，范寧《集解》云：「雖非禮之正，而合當時之宜。」《穀梁傳》的「變之正」，朱先生連引三例。並指出：「這就是《公羊傳》所謂『權』。《公羊傳》桓公十有一年稱美鄭祭仲廢君為『知權』、『行權』，說道：『權者，反於經然後有善者也。』、『經權』又稱『經變』（《春秋繁露》〈玉英篇〉：『《春秋》有經禮，有變禮。又，『明乎經變之事，然後知輕重之分，可與適權矣』），其實也就是正變，這正變是據禮而言。……變而失正就是『亂』。《太史公自序》引《公羊》家董仲舒說『撥亂世，反之正，莫近於《春秋》』，就將『亂』與『正』對舉。」朱先生指出：鄭玄是研究《穀梁》、《公羊》的專家，又注過《三禮》，「他那風雅正變對立的見解，也該多少受到這一義的影響」。朱先生又指出：禮與樂中，都有「正」與「邪」的對舉，「《禮記》〈樂記〉以『中正無邪』為『禮之質』，也是『正』、『邪』對舉。〈樂記〉論樂，又有『正聲』和『奸聲』的分別，本於《荀子》〈樂論〉」。〈樂論〉云：「凡奸聲感人而逆氣應之；逆氣成象而亂生焉。正聲感人而順氣應之；順氣成象而治生焉。唱和有應，善惡相像。故君子慎其所去就也。」

朱先生還指出：「樂是象徵治亂善惡的，關係極大。『奸聲』又稱『邪音』或『淫聲』，都見於〈樂論〉；〈樂記〉又稱為『淫樂』，說『世亂則禮慝而樂淫』——孔穎達《疏》：『淫，過也。』《呂氏春秋》〈古

樂篇〉論樂『有正有淫』，直以『正』與『淫』對舉；高誘註：『正，雅也；淫，亂也』。〈樂記〉載子夏對魏文侯語，論『古樂』和『新樂』，稱前者為『德音』，後者為『溺音』，也就是『正』、『淫』之辨。子夏說古樂『和正以廣』，新樂『奸聲以濫，溺而不止』。……古代詩教與樂教是分不開的。古樂衰而新樂盛，正聲微而淫聲興，是在春秋、戰國之交，正是《漢書》〈天文志〉說的『饑饉疾疫愁苦』的時代，〈樂記〉所謂『世亂』。這對於鄭氏的詩正變說當給予一定的影響。」

　　朱先生旁徵博引，從「正」、「變」對舉的語源上，從天體運動與天象、天氣的變化上，從禮與樂的與「正變」相關範疇的使用上等諸多方面，作了許多有益的探索。但這些問題說到底，與先秦兩漢的崇正抑變的美學思想有關。朱先生所引的例證，只有一個超出了崇正抑變的範圍，那就是《繫辭傳》的「以變為正為常」，把「變」視為正常，也就是把發展變化視為正常的、合理的，這與後代文論家在「正變」問題上大力肯定「變」，把「變」置於「正」之上，其美學思想是一脈相承的。

　　朱先生論「正變」的淵源並未停留在這裡，他進而指出：「但是對於詩的正變說的最有利的直接的影響，也許是五行家所說的『詩妖』。」因這個問題關係到「正變」說的淵源問題，或是或非，均是個重要的問題，為了不歪曲朱先生的原意，也為了不斷章取義，我們不妨將朱先生的論證引錄下來：

　　《漢書》（卷）二十七中之上《五行志》引劉向《洪範》〈五行傳〉云：

　　　言之不從，是謂不艾。厥咎僭，厥罰恆陽，厥極憂。時則有詩妖。……

《志》裡解釋道：

「言之不從」，從，順也。「是謂不艾」，艾，治也。孔子曰：「君子居其室，出其言不善，則千里之外違之；況其邇者乎？」（《易》〈繫辭（上）〉）《詩》云：「如蜩如螗，如沸如羹」（〈蕩〉），言上號令不順民心，虛華憒亂，則不能治海內，失在過差，故其咎僭，僭，差也。刑罰妄加，群陰不附，則陽氣勝，故其罰常陽也。旱傷百谷，則有寇難，上下俱憂，故其極憂也。君炕陽而暴虐，臣畏刑而拑（《漢書》作「柑」，引者注）口，則怨謗之氣發於歌謠，故有詩妖。

《開元占經》一一三「童謠」節也引《洪範》〈五行傳〉云：

下既非君上之刑，畏嚴刑而不敢正言，則北（別？）發於歌謠，歌其事也。氣逆則惡言至，或有怪謠，以此占之，故曰詩妖。

《荀子》將「奸聲」和「逆氣」相提並論，這裡將「惡言」和「氣逆」相提並論，正見樂教、詩教的相通。據《五行志》，「妖」和「夭胎」同義，是兆頭的意思。（《漢書》二十七中之上：「凡草木之類謂之『妖』。『妖』猶夭胎，言尚微。」）逆氣生惡言的見解，春秋末年已經有了。《國語》〈周語（下）〉單穆公諫周景王鑄鐘，曾道：

夫耳內（納）和聲而口出美言，以為憲令而布諸民，正之以度量。民以心力，從之不倦。成事不成（原作「貳」，依王引之校改），樂之至也。口內味而耳內聲，聲味生氣。氣在口為言，……若視聽不和而有震眩，則味入不精，不精則氣佚。氣佚則不和，於是乎有狂悖之

言，⋯⋯民無據依，不知所力，各有離心。上失其民，作則不濟，求則不獲，其何以能樂？

　　這番話也是論樂教的。「氣佚」，韋昭註：「氣放佚，不行於身體。」這氣就是氣質的氣。《樂記》說到「逆氣」，接著說「君子⋯⋯惰慢邪辟之氣不設於身體」，可見「惰慢邪辟之氣」就是「逆氣」。孔穎達《疏》以「逆氣」為「奸邪之氣」，劉向以「逆氣」為「怨謗之氣」，其實都是氣質的氣。劉向的話，和單穆公是相通的。單穆公說的是人君，「狂悖之言」指教令，劉向所謂「言之不從」說的也是在上位的人。不過他所謂「詩妖」卻專指民間歌謠而言。單穆公只據常識立論：劉向有陰陽五行說作背景，說得自然複雜些。「詩妖」既指民間歌謠——那些發洩「怨謗之氣」的歌謠或「怪謠」，——而歌謠也是詩，那麼，詩也有發洩「怨謗之氣」的作用了。這種詩就是所謂「刺詩」；「刺」也就是「怨謗」。依《毛詩》〈小序〉，刺詩的數量遠過於美詩（刺詩一百二十九篇，美詩二十八篇）——所以「變風變雅」也比「風雅正經」多得多（變詩二百零六篇，正詩五十九篇）。鄭氏給《毛詩傳》作《箋》，面對這事實，自然而然會轉念頭到「詩妖」上去。借了「詩妖」的光，他去理會《詩大序》中「變風變雅」的所謂「變」；他說「弘福如彼」、「大禍如此」，將禍福強調，顯然見出陰陽五行說的色彩。他又根據天文和氣象的正變，禮的正變，以及樂的正淫，將那表見「舊俗」——舊時美俗——的風詩雅詩，定為「風雅正經」，來和「變風變雅」配對兒，這樣構成了他的風雅正變說；這一說確是他的創見。（《詩言志辨》）

　　朱先生認為陰陽五行的「詩妖」說與「風雅正變」說有淵源關係，此說是難以成立的。「風雅正變」說最早見於《詩大序》，看不出它與

陰陽五行及「詩妖」說有任何關係。《詩大序》的作者與時代，向來說法不一，鄭玄認為是孔子弟子子夏所作，而《後漢書》〈儒林傳〉提出《詩大序》為東漢的衛宏所作。衛宏約比鄭玄早一百多年。今人多認為，《詩大序》產生的時代不得晚於西漢初，司馬相如在《難蜀父老》、桓寬在《鹽鐵論》中都曾引用過《詩大序》。當時的「陰陽五行」說還未成為漢代的顯學。鄭玄的《詩譜序》，將《詩》分為「詩之正經」與「變風」、「變雅」兩部分，主要著眼點還是時代的盛衰，這一點與《詩大序》近似。所不同的是鄭玄指出何謂「變風、變雅」之後，有這樣一段議論：「以為勤民恤功，昭事上帝，則受頌聲，弘福如彼；若違而弗用，則被劫殺，大禍如此。吉凶之所由，憂娛之萌漸，昭昭在斯，足作後王之鑒，於是止矣。」這裡說得很明白，「弘福如彼」云云，是指周代從其祖先后稷、公劉、大王、王季，以至文王、武王、成王、周公，因其或能播種五穀，使百姓擺脫飢餓，或能世修其業，與百姓共享財富，或使民安居樂業，為民之父母，所以頌聲興，以其成功昭告上帝，故天子受到弘福。到了亂世，政教衰敗，雖有人「刺過譏失，所以匡救其惡」（《詩譜序》），但「在上者」不聽從，所以或被劫殺，或被流放，遭到大禍，這一正一反，足作後王的鑒戒。這裡談的禍福，可以說與《漢書》〈五行志〉中所說的「詩妖」毫無關係。《詩譜序》所說的禍福在人而不在天，不帶神祕色彩和天的意志，而「詩妖」說是帶預示性的，是先驗的，也可以說是上天的垂示，兩者有本質的不同。《漢書》〈五行志〉所載「詩妖」一類的歌謠、童謠甚多，僅舉一例，以見一斑：

　　成帝時童謠曰：「燕燕尾涎涎，張公子，時相見。木門倉琅根，燕飛來，啄皇孫，皇孫死，燕啄矢。」其後帝為微行出遊，常與富平侯張

放俱稱富平侯家人，過陽阿主作樂，見舞者趙飛燕而幸之，故曰「燕燕尾涎涎」，美好貌也。張公子謂富平侯也。「木門倉琅根」，謂官門銅鍰，言將尊貴也。後遂立為皇后。弟昭儀賊害後宮皇子，卒皆伏辜，所謂「燕飛來，啄皇孫，皇孫死，燕啄矢」者也。（《五行志中之上》）

　　所謂「詩妖」多為歌謠或童謠，「童謠之言，生於天心」，舊時把它當作天意的表現，天是有先見之明的，故能預言若干年之後的禍福，實際上乃是有人蓄意創造，以進行附會，它既與「五行」說有關，也有「讖緯」說有關，與詩的「正變」說實在扯不在一起。朱自清先生的說法，首先是把鄭玄的原意給曲解了。至於清代汪琬的《唐詩正序》所說的「變之甚者以為詩妖詩孽」，那是藉助陰陽五行的說法，以惡毒地攻擊當代的「變風」、「變雅」，為新的王朝服務。關於這一點，我們留在清代部分再加論述。這裡我們只指出一點，即「詩妖」說與《詩大序》、《詩譜序》的「正變」說並無關係。

第三節　唐代孔穎達的「風雅正變」說

　　對漢代的「風雅正變」說，唐代學者也沿襲其說。如孔穎達在《詩大序》的《疏》中說：

變風、變雅之作，皆王道始衰，政教初失，尚可匡而革之，追而復之；故執彼舊章，乘此新失，覬望自悔其心，更遵正道，所以變詩作也。以其變改正法，故謂之變焉。（《毛詩正義》卷一之一）

　　《詩大序》的「風雅正變」說，就時代而言，肯定「變風、變雅」

與「王道衰，禮義廢，政教失」等等時代政治原因有關；就作者而言，肯定「變風、變雅」的作者其動機是好的，是匡衰革失的，是以復舊章、救新失的，是希望統治者有所悔悟，而改遵正道。孔穎達在《詩大序》的《疏》中以「變改正法」為「變」，以此將「正」、「變」對舉，也還是受了漢儒的影響。孔穎達還是尊《詩大序》的。

第四節　宋代朱熹的「風雅正變」說

對漢儒的「風雅正變」說提出不同意見的，是宋代的理學家朱熹。在朱熹之前，北宋的張方平，寫過《詩變正論》一文（見陶秋英《宋金元文論選》），這篇文章只不過是解釋《詩大序》，並無建樹，其影響亦不大。朱熹認為《詩經》的「風雅正變」，與「心之所感有邪正」（《詩集傳序》）有關。他與漢儒的「風雅正變」說不同的是，他很厭惡刺詩，甚至把刺詩目為「謗訕」，正像程廷祚所說：「漢儒茫然不知刺詩之由，紫陽（即朱熹——引者注）出而擬諸謗訕。」（《詩論六》〈刺詩之由〉）漢儒把「風雅正變」與「美刺」連繫起來，朱熹則把「風雅正變」與人心的邪正連繫起來。他在《詩集傳序》中說：

吾聞之，凡詩之所謂風者，多出於裡巷歌謠之作。所謂男女相與詠歌，各言其情者也。惟〈周南〉、〈召南〉，親被文王之化以成德，而人皆有以得其性情之正，故其發於言而有信者，樂而不過於淫，哀而不及於傷，是以二篇獨為風詩之正經。自〈邶〉而下，則其國之治亂不同，人之賢否亦異，其所感而發者，有邪正是非之不齊，而所謂先王之風者，於此焉變矣。若夫〈雅〉、〈頌〉之篇，則皆成周之世，朝廷郊廟樂歌之辭，其語和而莊，其義寬而密；其作者往往聖人之徒，

固所以為萬世法程而不可易者也。至於雅之變者，亦皆一時賢人君子憫時病俗之所為，而聖人取之。其忠厚惻怛之心，陳善閉邪之意，尤非後世能言之士所能及之。

　　上引開頭的幾句話，認為《詩經》中的〈國風〉，「多出於裡巷歌謠之作」，也就是說，〈國風〉多為民歌，是男女之間的歌詠，是「各言其情」的作品，這是比較符合實際的，這比《詩大序》所言「一國之事，系一人之本，謂之風」要科學得多。漢儒論《詩》，穿鑿附會之處甚多，朱熹在研讀、涵詠《詩經》的過程中，逐漸發現《詩序》（主要指《毛詩小序》）與詩人本意不合，所以不得不「盡滌舊說」。（《朱子語類》卷一三九）《詩大序》提出有「治世之音」、「亂世之音」、「亡國之音」，並以治世之音為「正」，亂世之音為「變」，揚正而抑變。朱熹也認為「風」、「雅」有「正變」，但他對「正」、「變」的理解，不是因時代而異，而是強調感於物而發於詩的人的情性之邪正來區分「正」、「變」，這是他與《詩大序》的不同之點。《詩經》中的〈周南〉、〈召南〉，他也認為是「正風」、「正風」的產生，不單是治世的產物，也與詩人有密切關係，是詩人蒙受了文王的教化樹立了良好的道德規範，作詩之人皆能得性情之正，沒有淫邪之思，所以發言為詩，可以樂而不淫，哀而不傷，有「中和」之美。所以他把〈周南〉、〈召南〉視為「風詩之正經」。《詩大序》認為「變風」、「變雅」產生的原因是「王道衰，禮義廢，政教失，國異政，家殊俗」，朱熹則認為，自〈邶〉以下，各國的治亂不同，人的賢與不賢也不同，有所感發而為詩，邪正是非是不一樣的，因而產生了「變風」。朱熹是理學家，重性、理之學，性情之邪正，道德之高下，是他關注的重心，從而也可看出朱熹以觀人為中心的理學家的文學觀。對於〈雅〉、〈頌〉，朱熹認為：「其

作者往往聖人之徒，固所以為萬世法程而不可易者也。」他還是強調了作者的性情與道德風範。即便是「變雅」，其作者「亦皆一時賢人君子憫時病俗之所為」。聖人所以取「變雅」之作而不棄，是看中了作者的「忠厚惻怛之心，陳善閉邪之意」。換句話說，「變雅」之作的創作動機是好的，性情也是正的，所以也可尊為經，這些詩，都是「人事浹於下，天道備於上，而無一理之不見也。」（《詩集傳序》）這裡又一次看出理學家論詩的色彩，「天道」、「人事」與「理」，都是「道」，這正與朱熹所主張的「文皆是從道中流出」有一定的關係。

　　比起漢儒來，朱熹揚棄了「風雅正變」的「美刺」說，而且崇正抑變的鮮明傾向在朱熹的《詩集傳序》中也不見了。這是朱熹超過漢儒的地方。

　　如果我們連繫朱熹的其他文論著作，還可以看出朱熹的一個文學觀點，即治世的文學未必都發達，衰世的文學未必不如盛世。《朱子語類》卷一三九說：

　　有治世之文，有衰世之文，有亂世之文。《六經》，治世之文也。如《國語》委靡繁絮，真衰世之文耳。是時語言議論如此，宜乎周之不能振起也。至於亂世之文，則《戰國》（指《戰國策》，引者注）是也，然有英偉氣，非衰世《國語》之文之比也。

　　朱熹在這裡指出，不能以治世、亂世分文之高下，衰世亦有好文章。在同書中他又說：「大率文章盛，則國家卻衰，如唐貞觀、開元都無文章，及韓昌黎、柳河東以文章顯，而唐之治已不如前矣。」政治、經濟與文學的發展，有時是平衡的，有時也會出現不平衡，馬克思、恩格斯也論述過這個問題，以此推論，產生於治世的「正風」、「正

雅」，未必就勝過產生於亂世的「變風」、「變雅」，也可能正因為如此，朱熹才拋棄了漢儒「風雅正變」說的崇正抑變。

第五節　宋代葉適對「風雅正變」說的懷疑

　　南宋末的葉適（1150-1223），則對「風雅正變」說提出了根本性的懷疑。他說：

　　言《詩》者自〈邶〉、〈鄘〉而下皆為變風，其正者〈二南〉而已。〈二南〉王者所以正天下，教則當然，未必其風之然也。〈行露〉之「不從」，〈野有死麕〉之「惡」，雖正於此而變於彼矣。若是則詩無非變，將何以存！季札聽詩，論其得失，未嘗及變。孔子教小子以可群可怨，亦未嘗及變。夫為言之旨，其發也殊，要以歸於正爾。美而非諂，刺而非訐，怨而非憤，哀而非私，何不正之有？後之學者不順其義之所出，而於性情輕別之，不極其「志之所至」，而於正變強分之，守虛會而迷實得，以薄意而疑雅言，則有蔽而無獲矣。（《習學記言序目》卷六）

　　葉適認為孔子和季札都未論及詩之「正」、「變」，不能把怨、刺詩視為不正，其看法都是對的，但也不能因為孔子、季札未論及「正」、「變」而懷疑其真實性與存在價值。

第六節　清代馬瑞辰對「風雅正變」說所作的總結

　　朱熹之後，對「風雅正變」說闡述得比較清楚的是清代學者馬瑞

辰。他的《風雅正變說》可以說是在《詩大序》的基礎上，吸收了朱熹的部分觀點，對《詩經》學的「風雅正變」，作了總結。他說：

〈風〉、〈雅〉正變之說，出於《大序》，即以《序》說推之而自明。《序》云：「風，風也，教也。」又云：「上以風化下。」蓋君子之德風，故〈風〉專以化下為正。至云「下以風刺上。」，風，沉重音福鳳反，讀如諷，云：「自下刺上，感動之名，〈變風〉也。」蓋變化下之名為刺上之什，變乎〈風〉之正體，是謂〈變風〉。《序》云：「雅者，正也，言王政之所由廢興也。」此蓋兼〈雅〉之正變言之。蓋〈雅〉以述其政之美者為正，以刺其政之惡者為變也。文、武之世，不得有〈變風〉、〈變雅〉。夷、厲、宣、幽之世，有〈變風〉，未嘗無〈正風〉；有〈變雅〉，未嘗無〈正雅〉也。蓋其時天子雖無道，而一國之君有能以〈風〉化下，如〈淇奧〉、〈緇衣〉之類，不得謂非〈正風〉也。宣王中興，雖不得為聖主，而有一政之美足述，如〈車攻〉、〈吉日〉之類，不得謂非〈正雅〉也。〈風〉、〈雅〉之正變，惟以政教之得失為分。政教誠失，雖作於盛時，非正也。政教誠得，雖作於衰時，非變也。論詩者但即詩之美刺觀之，而不必計其時焉可也。[5]

馬瑞辰在清代的經學家中屬於「漢學派」，此文可以說是「風雅正變」的專論。開篇指出，「風雅正變」之說出於《詩大序》，故他推衍《詩大序》之說而自明。他的推衍不是照搬《詩大序》的說法，而有自己的發明和創新，這也就是上文所言的「自明」之意。馬氏從《詩大序》的「上以風化下」，推出「〈風〉專以化下為正」。他認為：正，

即正〈風〉，或稱〈風〉之「正體」。馬氏又從《詩大序》的「下以風刺上」，推衍出「變化下之名為刺上之什」，這樣就改變了「〈風〉之正體」，所以稱為「〈變風〉」。馬氏將為什麼稱「變」、「變」的內涵闡述得非常清楚，且容易為讀者所接受。簡言之，〈正風〉與〈變風〉之不同，其一是功用不同，〈正風〉是「化下」的，即在上者以風教來教育臣民的，〈變風〉是「刺上」的，功用改變了，風（諷）向也改變了，所以叫「變風」。這是前人沒有明確説過的，可謂發前人之所未發。

　　《詩大序》説：「雅者，正也，言王政之所由廢興也。」馬氏由此推衍，認為這幾句話是「兼〈雅〉之正變言之。」對於〈雅〉何者為「正」，何者為「變」，馬瑞辰僅用了兩句話加以概括與界定：「〈雅〉以述其政之美者為正，以刺其政之惡者為變。」這裡所説的「正變」與漢儒一樣，還是和「美刺」連繫在一起的。《詩大序》僅僅對「變風」、「變雅」的產生條件作了一般的説明，即「王道衰，禮義廢，政教失，國異政，家殊俗，而『變風』、『變雅』作矣。」何者為「正雅」，何者為「變雅」，並沒有論釋。馬瑞辰將「正雅」與「變雅」作了上文所引的詮釋，雖未必盡合《詩大序》之本意，但是有道理的，這是參照《詩大序》又結合《詩經》中作品推衍而得出的結論。他説「文、武之世，不得有〈變風〉、〈變雅〉」，是從文、武之世的風教與德化均處於隆盛時代這一特點著眼的。至於説「夷、厲、宣、幽之世，有〈變風〉，未嘗無〈正風〉；有〈變雅〉，未嘗無〈正雅〉」，這個論斷頗有見地，也符合《詩經》的實際情況。夷、厲、宣、幽之世，周天子雖然失政、無道，但《詩經》有十五〈國風〉，未見得每個國君都是無道昏君，間或有一國之君能「以風化下」，仍不失為「正風」。他並且舉出《毛詩》〈衛風〉〈淇奧〉和《鄭風》〈緇衣〉兩首詩為例來説明它們屬於「正

風」。《毛詩》〈小序〉云:「〈淇奧〉,美武公(指衛武公,西元前812
年即位,時當週宣王十六年。——引者注)之德也。有文章,又能聽
其規諫,以禮自防,故能入相於周,美而作是詩也。」又一例為《鄭
風》〈緇衣〉,《毛詩》〈小序〉云:「〈緇衣〉,美武公(指鄭武公,乃
鄭桓公之子。桓公時當週幽王時代,武公即位於平王東遷之年,即前
770年,引者注)也。父子並為周司徒,善於其職,國人宜之,故美其
德,以明有德善善之功焉。」從〈小序〉的內容一看便知,這兩首詩都
應屬於「正風」,但他們的時代,卻是周之衰世或亂世,然其時仍有
「正風」,這實際上是訂正了《詩大序》說法的不確切。

　　「正雅」與「變雅」的情況,也有類似「正風」、「變風」之處。
周宣王時代,已非西周之盛世,與周文王、周武王的時代不可同日而
語;但馬瑞辰認為,周宣王是位中興之主,雖然算不上聖主,但還有
「一政之善足述」,如〈小雅〉〈車攻〉與〈小雅〉〈吉日〉,雖產生於
宣王時代,但都是歌頌宣王之美政的。《毛詩》〈小序〉云:「〈車攻〉,
宣王復古也。宣王能內修政事,外攘夷狄,覆文、武之境土,修車
馬,備器械,復會諸侯於東都,因田獵而選車徒焉。」又,《毛詩》〈小
序〉云:「〈吉日〉,美宣王田(指田獵——引者注)也。能慎微接下,
無不自盡,以奉其上焉。」

　　唐孔穎達《毛詩正義》進一步解釋說:「作〈吉日〉詩者,美宣王
田獵也。以宣王能慎於微事,又以恩意接及群下。王之田獵能如是,
則群下無不自盡誠心以奉侍其君上焉。由王如此,故美之也。」從以上
引文可知,〈車攻〉、〈吉日〉應屬「正雅」,而不能算「變雅」。馬瑞
辰能夠不以時代的盛衰作唯一之標準來區分〈風〉、〈雅〉的「正變」,
是正確的,是符合《詩經》實際的。筆者認為,在這一點上,他吸收
了朱熹的某些觀點。所以他以政教之得失,來認識〈風〉、〈雅〉之「正

變」，又以詩之「美刺」作觀察點，來區分「正變」，不拘泥於時世的盛衰，比起漢儒來，是大大前進了一步。

　　但〈風〉、〈雅〉的「正變」，又不能說與時世的盛衰沒有關係，馬瑞辰並沒有忽視這一點。他在《豳非變風說》中云：

　　《豳風》，周公述祖德之詩也。太史因述周人頌公之詩以附其後，意主於美周公，不得以為〈變風〉也。以《詩序》證之，《序》云：「王道衰，禮義廢，政教失，國異政，家殊俗，而變風、變雅作矣。」《豳》豈作於王道衰、政教失之時乎？以《鄭譜》言之，《譜》云：「孔子錄懿王、夷王時詩，訖於陳靈公，謂之變風、變雅。」《豳》豈作於懿、夷及陳靈之世乎？據《鄭志》，張逸問：「《豳》〈七月〉專詠周公之德，宜在〈雅〉，今在〈風〉何？」答曰：「以周公專為一國，上冠先公之業，亦為優矣，所以在〈風〉下，次於〈雅〉前。」是鄭君以《豳》居〈風〉、〈雅〉之間，未嘗遂目為風，豈得謂之〈變風〉乎？以此推之，則鄭君《詩譜》、《豳》為〈變風〉之說，亦未定之論耳。或以《豳詩》作於周公遭亂之時，故為〈變風〉，然《常棣》之詩亦為閔管、蔡作，胡不以為〈變雅〉也？[6]

　　《毛詩》〈小序〉云：「《七月》，陳王業也。周公遭變故，陳后稷先公風化之所由，致王業之艱難也。」所謂「周公遭變故」，是指武王死後，成王尚幼，故周公攝政，而周公之弟管叔、蔡叔，製造周公的流言蜚語，以中傷周公。周公不得不避居東都，乃作《七月》，以陳述周之祖先后稷、公劉居豳時的風化，明王業之艱難。後來管叔、蔡叔

與殷封王的後代勾結，起兵造反，遂有四國之亂。說明這個時代，也有戰亂，故對《七月》屬於「正風」還是屬於「變風」，歷史上有不同的說法，從「風專以化下為正」看，這首詩屬「正風」；但從《毛詩正義》與孔穎達《疏》看，有的研究者認為，此詩有微諷成王之意，一則因成王不辨流言，懷疑周公，二則「成王不知進退之艱」，又是「遭變」的年代寫作的，所以目為「變風」也不是完全沒有一點道理。但從主導方面來說，《七月》不應視為「變風」，馬瑞辰的辨證是對的。這說明對於具體作品，區分其「正」、「變」，不是很容易的。還有的作品，是「美」、「刺」結合的，以時代而論，治中有亂，亂中有治，所以需要觀世、觀人與觀作詩之旨結合起來考察「正變」。

　　「風雅正變」說到清代學者馬瑞辰，可以說作了一個總結。

第三章

《文心雕龍》中的「正變」論

　　迄今為止，研究劉勰及其《文心雕龍》的學者們，只注意到他的「通變」論，還未注意到他的「正變」論。原因很簡單，《文心雕龍》除〈序志〉外，共四十九篇，其中一篇曰〈通變〉，而「正變」卻未有專篇，所以不為研究者所注意。另外一個原因是，「正變」一詞，在《文心雕龍》中很少出現。在《文心雕龍》全書中，「正變」二字連用者，僅有一處，而且是將「正變」顛倒過來，變成「變正」。〈頌讚〉篇云：

　　四始之至，頌居其極。頌者，容也，所以美盛德而述形容也。……夫化偃一國謂之風，風正四方謂之雅，容告神明謂之頌。風雅序人，事兼變正；頌主告神，義必純美。

　　劉勰所說的「四始」，指「風」、「小雅」、「大雅」、「頌」。這是

用《詩大序》和鄭玄《詩譜序》的説法，而不是司馬遷的説法。劉勰對「風」、「雅」、「頌」的釋義，完全是據《詩大序》。所謂「風雅序人，事兼變正」，意思是説《詩經》中的〈風〉、〈雅〉是記敘人事的，所以有「正風」、「正雅」和「變風」、「變雅」。這還是本之於《詩大序》與鄭玄《詩譜序》之説，根據當時的歷史條件，劉勰對「風雅正變」說也不可能有所創新。他在〈序志〉篇曾説，在經學註釋方面，「馬鄭（指馬融與鄭玄）諸儒，弘之已精，就有深解，未足立家」。因此劉勰是不願將精力專注於注經的章句之學上。另外，還有一個更重要的原因就是，《詩經》之後，出現了以《離騷》為代表的「楚辭」，以後又出現了漢代的大賦，或稱「辭賦」。在詩歌領域，《詩經》是以四言為主，漢代及漢以後，雖有人間或寫四言詩，但已非《詩經》之面目，充其量不過是繼承了《詩經》「風雅」（包括「變風」、「變雅」）的「順美匡惡」即「美刺」的手法而已，「風雅寢聲」已成為不可改變的事實。故劉勰在《文心雕龍》〈辨騷〉篇説：

> 自〈風〉、〈雅〉寢聲，莫或抽緒，奇文郁起，其《離騷》哉！固已軒翥詩人之後，奮飛辭家之前，豈去聖未遠，而楚人之多才乎！昔漢武愛《騷》，而淮南作《傳》，以為「〈國風〉好色而不淫，〈小雅〉怨誹而不亂，若《離騷》者，可謂兼之」。

《離騷》出現於〈風〉、〈雅〉銷聲匿跡之後，它和〈風〉、〈雅〉究竟是什麼關係，曾引起漢代學者的廣泛關注。而且也有不同的看法，以劉勰的觀點來看，《離騷》在「典誥之體」、「規諷之旨」、「比興之義」、「忠怨之辭」四個方面，是同於〈風〉、〈雅〉的，而且主要方面是同於「變風」、「變雅」。《離騷》的「怨誹」之情、「規諷之旨」、

「忠怨之辭」是有目共睹，其吟詠之情性正與「變風」、「變雅」相似。淮南王劉安所作之《離騷傳》謂其兼具「〈國風〉好色而不淫，〈小雅〉怨誹而不亂」，即孔子在《論語》〈八佾〉中所説的「〈關雎〉樂而不淫，哀而不傷」之義。劉勰《文心雕龍》〈時序〉篇説：「逮姬文之德盛，〈周南〉勤而不怨；大王之化淳，〈邠風〉樂而不淫。」也即此義。這裡劉勰已兼及〈國風〉之「正變」了。〈邠風〉按《詩大序》的看法，已非「正風」。至於含「怨誹」之情的大雅、小雅，肯定屬於「變雅」無疑。因為只有哀政教之失，才能產生大、小「雅」的怨誹之情。這就是説，漢代的部分學者是以「風雅正變」的觀點來理解《離騷》的。除了淮南王劉安之外，司馬遷的《史記》〈屈原列傳〉也説：「〈國風〉好色而不淫，〈小雅〉怨誹而不亂，若《離騷》者，可謂兼之也。」這大概是照抄劉安的話而來。從漢代至劉勰，大體是把《離騷》及《楚辭》看作是「風雅正變」的產物。直到宋代的朱熹，仍然把《離騷》視為「風雅正變」的產物。他在《楚辭集注序》中論屈原説：「惟其不知學於北方，以求周公、仲尼之道，而獨馳騁於變風變雅之末流，以故醇儒莊士或羞稱之。」把《離騷》看作是「風雅正變之末流」，未免將《離騷》貶低了，遠不如劉勰的「因變得奇」説。

　　但《離騷》並非完全是「依經立義」的，以劉勰的兩分法看，它也有「異乎經典」的四個方面：即「詭異之辭」、「譎怪之談」、「狷狹之志」、「荒淫之意」。劉勰對於《離騷》之「誇誕」是不甚理解的，對它的浪漫主義手法也不甚理解，所以目為「異乎經典」。但劉勰又給予《離騷》以很高的評價，把它目為「奇文」，看來在劉勰的心目中，《離騷》具有「因變得奇」的美學特徵。他以「正變」或「變正」，推衍出與它們相同涵義的一個美學範疇，即「奇正」。〈辨騷〉篇有一句名言：

「酌奇而不失其貞。」、「貞」者，正也。筆者認為「酌奇而不失其貞[1]」是要求「奇」與「正」結合，也就是「變」與「正」結合，即要求「變而不失其正」。

　　「正」與「奇」，或「奇」與「正」，或「正變」與「變正」，在劉勰看來含義是相似的，可以這樣說，「變正」在《文心雕龍》中已被劉勰轉換為「奇正」，這一點我們可以在《文心雕龍》中找到例證。〈風骨〉篇云：

　　若夫熔鑄經典之範，翔集子史之術，洞曉情變，曲昭文體，然後能孚甲新意，雕畫奇辭。昭體故意新而不亂，曉變故辭奇而不黷。

　　「曉變故辭奇」，「變」與「奇」是等位關係，劉勰大概就是通過「變」與「奇」的等位關係，將「變正」轉換為「奇正」的，從而使「奇正」成了《文心雕龍》中具有對立統一內涵的美學範疇。「奇正」在《文心雕龍》中涉及的面很廣，可以說「奇正」是貫串於全書的範疇。前文通過〈辨騷〉篇的分析可以看出，就文章的思想內容而言，同於〈風〉、〈雅〉的思想為「正」，異乎經典的思想為「奇」。在〈正緯〉篇中說「經正緯奇」，這裡的「正」與「奇」，含有「真」與「偽」的對立關係。劉勰指出緯書有「四偽」，「經正緯奇」是「四偽」之一。〈正緯〉開篇便說：「夫神道闡幽，天命微顯，馬龍出而大《易》興，神龜見而《洪範》耀。故〈繫辭〉稱：『河出圖，洛出書，聖人則之。』斯之謂也。但世夐文隱，好生矯誕，真雖存矣，偽亦憑焉。」這幾句話的意思是說，根據自然之道可以闡明深奧的事理，使不明顯的天命明顯

1　唐寫本《文心雕龍殘卷》作「貞」，他本亦作「正」、「真」。此用唐寫本。

起來。馬龍獻出河圖就產生了《易經》，神龜獻出洛書就產生了《尚書》的《洪範》。《周易》〈繫辭〉所說的「黃河出圖，洛水出書，聖人效法它」，講的就是這個道理。但歷時久遠，有關記載很不清楚，容易產生不實的假托；因此，真的雖然存在，假的也據此而出現了。緯書是一種托經義以宣揚符瑞迷信的著作，由於經書中偶見迷信傳說，這就給緯書留下了假托的餘地，緯書可以說是鑽了經書的空子。劉勰是「宗經」的，他認為儒家的「六經」是「恆久之至道，不刊之鴻教」（〈宗經〉）。凡經書上寫的都是真的、正的，他評論緯書用的方法就是「按經驗緯」（〈正緯〉），即按照「六經」去驗證緯書，這樣發現緯書「其偽有四」（〈正緯〉），故得出「經正緯奇」的結論。很顯然，這裡的「正」與「奇」，就近乎「真」與「偽」了。

　　大體而言，劉勰是以儒家正統思想為「正」，以背離儒家正統思想為「奇」，劉勰在《文心雕龍》〈史傳〉篇中認為，司馬遷的《史記》有「愛奇反經之尤」，主要著眼於司馬遷的「論術學，則崇黃老而薄五經；序貨殖，則輕仁義而羞貧賤」（《後漢書》〈班彪傳〉）。司馬遷突破了儒家正統思想的束縛，在劉勰看來，是「愛奇反經」的過錯，也可以說是「逐奇而失正」（〈定勢〉）了。

　　除了內容的「奇正」，劉勰還論述到辭采的「奇正」，他把辭采分為「正辭」與「奇辭」兩類。在〈議對〉篇中，他要求對「經典之體」的議，在明其大體、「樞紐經典」之後，要「標以顯義，約於正辭」。在〈風骨〉篇中，他要求在「洞曉情變，曲昭文體」之後，「然後能孚甲新意，雕畫奇辭」。所謂「正辭」，殆指正面的、雅正的語言；所謂「奇辭」，指奇異的、新奇的、變化譎詭的語言。並要求不同種類、不同用途的文章，語言辭采的「奇正」應有所不同。在「正辭」與「奇辭」之間，我們還看不出劉勰的抑揚之義。那麼，劉勰在講文章「體勢」

的時候，崇正抑奇的傾向就十分明顯了。劉勰在「體勢」的總體上是主張「奇」、「正」並用的。所以他說：「然淵乎文者，並總群勢：奇正雖反，必兼解以俱通；剛柔雖殊，必隨時而適用。」（〈定勢〉）但在後文中，他又批判故作奇辭以迎合俗好的現象：

　　自近代辭人，率好詭巧，原其為體，訛勢所變。厭黷舊式，故穿鑿取新；察其訛意，似難而實無他術也，反正而已。故文反「正」為「乏」，辭反正為奇。效奇之法，必顛倒文句；上字而抑下，中辭而出外；回互不常，則新色耳。

　　意思是說：近代的作家，大都愛好奇巧。推原這種文章的體勢，是從一種錯誤的趨勢變化而來。由於作家們厭棄舊的體式，所以牽強地追求新奇。細看這種不正當的趨向，似乎難以用其他方法補救，只好反奇歸正了。篆文的「正」字反寫則為「乏」字，在辭句上把「正辭」反轉過來就是「奇辭」，倣法「奇辭」的方法，必然把正常的辭序顛倒過來，應當寫在上面的字寫到下面去，把句中的字改到句外去；次序錯亂而不正常，就算是新奇的辭采了。但這種「反正為奇」，當然是不符合劉勰的美學理想的，所以劉勰要加以控制，提出「執正以馭奇」，反對「逐奇而失正」（〈定勢〉）。這是傳統的儒家崇正抑變思想在劉勰「奇正」論上的投射，劉勰雖然給予「變」與「奇」以一定的應用範圍與發展空間，但到頭來還得限制它，使「正」與「變」的對立，統一在「正」上。正像漢儒以情性之正、以「發於情，止乎禮義」來規範「變風」、「變雅」一樣。〈辨騷〉篇所云「憑軾以倚〈雅〉、〈頌〉，懸轡以馭楚篇，酌奇而不失其貞，玩華而不墜其實」，也是「執正以馭奇」之義。

在〈體性〉篇中，劉勰還論到風格的「奇正」問題。他把文章風格，歸納為八種：一曰典雅，二曰遠奧，三曰精約，四曰顯附，五曰繁縟，六曰壯麗，七曰新奇，八曰輕靡。這八種風格是有高下雅俗之分的。劉勰最推崇的是「典雅」、「遠奧」，貶得最低的是「新奇」、「輕靡」。什麼樣的風格是「新奇」呢？劉勰的解釋是：「新奇者，擯古競今，危側趣詭者也。」也就是說，「新奇」是棄古趨新，以詭奇怪異為特色，這與「熔式經誥，方軌儒門」的典雅風格，豈可同日而語？劉勰又於八體之中各拈出一字以示互相之間的對立：「故雅與奇反，奧與顯殊，繁與約舛，壯與輕乖。」、「雅」是「正」的同義語，「典」、「雅」均含「正」義，典正、雅正，都與儒家經典有關，所以說「熔式經誥，方軌儒門」。劉勰的崇正抑奇，於此表現得最為鮮明。在談到風格形成的原因時，劉勰認為與作家的「才」、「氣」、「學」、「習」密不可分：「才有庸俊，氣有剛柔，學有淺深，習有雅鄭。」所謂「雅鄭」，對音樂來說是指雅樂與鄭聲，前者典雅，後者淫邪，「雅鄭」實為「正」與「邪」，以「正變」與「正奇」方之，「邪」與「奇」是等位的。

從以上分析看，劉勰的「奇正」論，內涵頗為豐富、複雜，它直接淵源於傳統儒家的「崇正抑變」的美學思想及漢儒的「風雅正變」說，他將「正變」變為「變正」，又將「變正」轉換為「奇正」，「依經立義」、「崇正抑變」的本色絲毫未減。劉勰突破漢儒的地方是承認了「因變得奇」，〈辨騷〉篇對此表述得較為清楚。但劉勰也認識到，「變」也會「因變得衰」，劉勰沒用這個詞，「因變得衰」是清代的葉燮概括出來的，後文將有專章論述。這裡略加分析劉勰在《文心雕龍》中「因變得衰」思想的表現。

〈通變〉篇云：「榷而論之，則黃唐淳而質，虞夏質而辨，商周麗而雅，楚漢侈而豔，魏晉淺而綺，宋初訛而新。從質及訛，彌近彌

淡。何則？競今疏古，風昧氣衰也。」有人以為這是劉勰的文學退化
論，實則不然。筆者認為，周振甫先生的分析頗為有理，他説：「文學
發展的規律是什麼呢？就是由淳質到辨麗到侈豔，這是向好的方面發
展；但從辨麗到侈豔裡，浮誇的風氣開始萌生。因而由侈豔到淺綺到
訛新，這是向壞的方面變化。……趨於正的變是變而通；趨於不正的
變是變而衰。」[2]所以我們認為劉勰的「正變」論，是有因變得「奇」
和因變得「衰」的內涵。

　　在批評鑑賞方面，劉勰也使用了「奇正」的範疇。在《文心雕龍》
〈知音〉篇中，劉勰提出「六觀」的問題：

　　是以將閱文情，先標六觀：一觀位體，二觀置辭，三觀通變，四
觀奇正，五觀事義，六觀宮商。斯術既形，則優劣見矣。

　　「六觀」是批評鑑賞的方法論，因其沒有明確的質的規定性，還不
能算批評鑑賞的六條標準。但連繫其他各篇，還可找出「六觀」質的
規定性。范文瀾注説：「一觀位體，〈體性〉等篇論之。二觀置辭，〈麗
辭〉等篇論之。三觀通變，〈通變〉等篇論之。四觀奇正，〈定勢〉等
篇論之……」[3]上文對〈定勢〉篇的「奇正」論，已做了簡單的分析，
可知劉勰對「奇正」的要求主要有三點：一，對「奇正」要「兼解而
俱通」；二，主張「執正以馭奇」；三，反對「逐奇而失正」。「四觀奇正」
放在「三觀通變」之後，説明它與「通變」的內涵是截然不同的，否
則「六觀」便成「五觀」了。同時也説明「奇正」在劉勰心目中是占

2　周振甫：《文心雕龍註釋》，人民文學出版社1981年版，第335-338頁。
3　范文瀾：《文心雕龍注》，人民文學出版社1962年版，第717頁注⑨。

有重要位置的。〈辨騷〉篇的「酌奇而不失其貞，玩華而不墜其實」，
説明劉勰論文頗重「奇」、「正」結合、華實並用。劉勰論文是最重折
中的，「奇正」含有劉勰的藝術辯證法，他不僅折中於「雅」、「俗」之
際，也折中於「奇」、「正」之間，不然，他就不會將「觀奇正」，作為
批評鑑賞的一個標準來看待了。

　　在詩樂觀上，劉勰完全繼承了先秦儒家「崇正抑變」、「崇雅抑
俗」、「重《韶》、《夏》而輕鄭聲」的觀點。這在《文心雕龍》〈樂府〉
篇中表現得較為集中：

　　夫樂本心術，故響浹肌髓，先王慎焉，務塞淫濫。……自雅聲浸
微，溺音騰沸。秦燔《樂經》，漢初紹復，制氏紀其鏗鏘，叔孫定其容
典；於是《武德》興乎高祖，《四時》廣於孝文，雖摹《韶》、《夏》，
而頗襲秦舊，中和之響，闃其不還。……《桂華》雜曲，麗而不經；
《赤雁》群篇，靡而非典。……至宣帝雅頌，詩效〈鹿鳴〉；邇及元、
成，稍廣淫樂，正音乖俗，其難也如此。……至於魏之三祖，氣爽才
麗，宰割辭調，音靡節平。觀其「北上」眾引，「秋風」列篇，或述酣
宴，或傷羈戍，志不出於淫蕩，辭不離於哀思，雖三調之正聲，實
《韶》、《夏》之鄭曲也。

　　樂府詩是合樂的，所以劉勰從詩、樂兩方面來評論。他認為雅正
的音樂漸漸衰落之後，淫邪的音樂便漸漸興起了。秦始皇燒了《樂經》
之後，漢初極力想恢復古樂，但像高祖時的《武德舞》、文帝時的《四
時舞》，雖説是學習古代的《韶樂》和《大夏》，卻是繼承了秦樂，所
以古代中正和平的樂調就難以再見了。像漢代的《安世房中歌》〈桂華〉
以及《郊祀歌》〈赤雁〉，或者「麗而不經」，或者「靡而非典」，已失

古樂之雅正。元帝、成帝時代，淫邪的音樂更加普遍，正音反而不合流俗。到了曹魏時代，曹操、曹丕等人的樂府詩，如《苦寒行》、《燕歌行》等，或敘述宴飲，或哀嘆出征，內容不免過分放縱，句句不離哀思，雖然是漢代《平調曲》、《清調曲》、《瑟調曲》這三調的「正聲」，但比起《韶樂》和《大夏》來，只能算是淫邪的鄭聲了。這裡姑且不論劉勰論述樂府詩的歷史發展是否符合事實，我們且看在這段話中使用的概念與範疇。以「正變」的範疇觀之，「雅聲」、《韶》、《夏》、「中和之響」、「正音」、「正聲」，都屬於「正」的範疇，是劉勰肯定和嚮往的。「溺音」、「不經」、「非典」、「淫樂」、「音靡」、「鄭曲」，均屬「變」而失「正」的各種形態。這是劉勰所貶抑和否定的。孔子在齊還聽到過《韶樂》，對於《韶》、《夏》，劉勰恐怕沒有聞見過，完全是憑古代典籍的描述，似乎有點盲目崇拜古樂。對於孔子的「鄭聲淫，放鄭聲」，劉勰是全盤接受了。在詩樂觀上，劉勰受先秦儒家「崇正抑變」、「崇雅抑鄭」的思想影響是十分明顯的。〈樂府〉篇對於「詩聲俱鄭」的現象，劉勰不無感嘆地說：「淫辭在曲，正響焉生？」該篇「贊」中又感慨「《韶》響難追，鄭聲易啟」，都是「崇雅抑鄭」的嗣響。

　　通過以上分析，我們可以對劉勰的「正變」觀、「奇正」論作一小結。「變正」與「奇正」內涵十分相近。劉勰的「變」與「奇」含義比較豐富多樣，既承認「變」與「奇」，給它們一定的發展空間，又限制「變」與「奇」。劉勰肯定了「變」與「奇」的多樣性：「變」有「情變」，有「文變」；設體是「有常」的，「文變」是「無方」的；「變」有向好的方面「變」的，也有愈變愈壞，因變而衰的。對於「奇正」，劉勰認為有「因變得奇」，如《離騷》之「奇文郁起」；也有「逐奇失正」、「逐奇反經」的，他主張，「執正以馭奇」、「酌奇而不失其貞」，再連繫他在詩樂觀上的「崇雅抑鄭」，可以清楚地看到劉勰直接繼承了

先秦儒家特別是孔子的美學思想，這種美學思想帶有濃厚的「宗經」色彩。在挽救六朝文風上雖有一定積極作用，卻限制了他對文學作品的正確評價。

第四章

「正變」論與劉勰前後的辨體批評的萌芽

漢儒的「風雅正變」說，區分出「正風」、「變風」與「正雅」、「變雅」，界定了它們的不同特徵，但「風雅正變」還僅僅是《詩經》學的范疇，並不含有辨體批評的內涵。所謂「辨體」就是明辨文章的體式、風格、體裁等的源流演變，何者為「正」，何者為「變」。後代的辨體批評與「詩體正變」關係至為密切，其萌芽階段約在魏晉之後。曹丕（187-226）的《典論》〈論文〉把文學體裁分為四類，四類中各有各的不同。他說：

> 夫文本同而末異，蓋奏議宜雅，書論宜理，銘誄尚實，詩賦欲麗。此四科不同，故能之者偏也；唯通才能備其體。

所謂「本」，大致指一切文章的共性與本質、本體；所謂「末」，指各種文體的不同的特點。奏議、書論，晉以後人稱為無韻之筆；銘

誄、詩賦，晉以後人稱為有韻之文。「雅」、「理」、「實」、「麗」是四科（含八種文體）各具的特色。這種分法雖較粗糙，但對後代文體辨析頗有影響。因未論源流，與「正變」尚無關係。

　　陸機（261-303）的《文賦》，比曹丕更進了一步，他概括出十種文體的特點：「詩緣情而綺靡，賦體物而瀏亮。碑披文以相質，誄纏綿而淒愴。銘博約而溫潤，箴頓挫而清壯。頌優游以彬蔚，論精微而朗暢。奏平徹以閑雅，說煒曄而譎誑。」但陸機只是孤立地分論各文體的特點，亦與源流「正變」無關。

　　摯虞（？-311）的《文章流別論》，雖全書已佚，但從現存的條目看，它是論各體文章的源流演變的，對同一文體的發展演變，所敘較詳，已不像曹丕和陸機那樣，將一種或兩種文體，僅用一字或數字來概括其特點，而不及某一種文體的發展演變情況。至摯虞為止，辨體批評才算初步形成了。現從嚴可均《全晉文》卷七十七所輯《文章流別論》十二條中，舉出兩條以見一斑：

　　賦者，敷陳之稱，古詩之流也。古之作詩者，發乎情，止乎禮義。情之發，因辭以形之；禮義之旨，須事以明之，故有賦焉，所以假象盡辭，敷陳其志。前世為賦者，有孫卿、屈原，尚頗有古詩之義，至宋玉則多淫浮之病矣。《楚辭》之賦，賦之善者也。故揚子稱賦莫深於《離騷》。賈誼之作，則屈原儔也。古詩之賦，以情義為主，以事實為佐。今之賦，以事形為本，以義正為助。情義為主，則言省而文有例矣；事形為本，則言當而辭無常矣。文之煩省，辭之險易，蓋由於此。夫假象過大，則與類相遠；逸辭過壯，則與事相違；辯言過理，則與義相失；麗靡過美，則與情相悖。此四過者，所以背大體而害政教。是以司馬遷割相如之浮說，揚雄疾「辭人之賦麗以淫」。（《全

晉文》卷七十七）

　　《書》云：「詩言志，歌永言。」言其志謂之詩。古有采詩之官，
王者以知得失。古之詩有三言、四言、五言、六言、七言、九言。古
詩率以四言為體，而時有一句二句雜在四言之間，後世演之，遂以為
篇。古詩之三言者，「振振鷺，鷺於飛」之屬是也，漢郊廟歌多用之。
五言者，「誰謂雀無角，何以穿我屋」之屬是也，於俳諧倡樂多用之。
六言者，「我姑酌彼金罍」之屬是也，樂府亦用之。……夫詩雖以情志
為本，而以成聲為節。然則雅音之韻，四言為正；其餘雖備曲折之
體，而非音之正也。（《全晉文》卷七十七）

　　摯虞《文章流別集》的分類已遠比曹丕、陸機細密，因該書已佚，
具體分多少門類不得其詳，估計其所論文體數目，接近於《文選》。可
貴的是，他對眾多的文體都一一加以考訂辨析，並結合實例加以評
述，在文體論與辨體批評上又前進了一大步。後代的辨體批評，以論
文體、風格的「源流演變」或「源流正變」為特色，它濫觴於「風雅
正變說」。漢代的揚雄把賦分為「詩人之賦」與「辭人之賦」，並說「詩
人之賦麗以則，辭人之賦麗以淫」（《法言》〈吾子〉）。所謂「則」，指
合乎中正的法度。所謂「淫」，指過多的藻繪。這可以說是最早的辨體
批評。這個觀點為摯虞所吸收。摯虞論賦的源流，亦承襲了漢儒的說
法，認為賦乃「古詩之流」。對「詩人之賦」與「辭人之賦」從何人起
劃線，摯虞也基本上繼承了揚雄的說法，以屈原為界，屈賦為「詩人
之賦」，宋玉以下則為「辭人之賦」。摯虞認為荀卿、屈原的賦有「古
詩之義」，其說則源於班固。班固說：「春秋之後，周道浸壞，聘問歌
詠，不行於列國，學詩之士，逸在布衣，而賢人失志之賦作矣。大儒

孫卿及楚臣屈原，離讒憂國，皆作賦以風，咸有惻隱古詩之義。其後宋玉、唐勒，漢興，枚乘、司馬相如，下及揚子雲，競為侈麗閎衍之詞，沒其風諭之義。」（《漢書》〈藝文志〉〈詩賦略論〉）「周道浸壞」正是「變風」、「變雅」產生的社會背景，「賢人失志而作賦」，與「變雅」憫政教之失而作詩在本質上是一致的。而所謂「惻隱古詩之義」，就是惻隱含悲地作賦對時政君主進行諷諫，這正是「變風」、「變雅」的特點。「從源流演變」而言，即「風」、「雅」一變而為「變風」、「變雅」，再變而為騷賦。儘管古代的源流說不太科學，他們不知道社會生活是文學創作的源泉，而往往從《五經》中溯源，從前人的作品中溯源，但直到清代，文論家仍然是這樣認識的。清代學者程廷祚認為，詩（主要指《詩經》）「乃騷賦之大原」，他在論述詩與騷賦之同與異時說：「既知詩與騷賦之所以同，又當知騷與賦之所以異。詩之體大而該，其用博而能通，是以兼六義而被管弦。騷則長於言幽怨之情，而不可以登清廟。賦能體萬物之情狀，而比興之義缺焉。蓋〈風〉、〈雅〉、〈頌〉之再變而後有《離騷》，騷之體流而成賦。賦也者，體類於騷而義取乎詩者也。故有謂《離騷》為屈原之賦者，彼非即以賦命之也，明其不得為詩云爾。《騷》之出於《詩》，猶王者之支庶封建為列侯也。賦之出於《騷》，猶陳完之育於姜，而因代有其國也。《騷》之於《詩》遠而近，賦之於《騷》近而遠。《騷》主於幽深，賦宜於瀏亮。」（《金陵叢書》本《青溪集》卷三《騷賦論上》）程廷祚對《詩》、《騷》賦三者的淵源關係與體式、風格之異同辨析得頗為細緻，這與劉勰所言「賦者，受命於詩人，拓宇於楚辭」（《文心雕龍》〈詮賦〉）的說法基本相似。可見在賦的辨體批評上，摯虞受到了《詩大序》、揚雄、班固等的影響，將「正變」說轉化為「源流演變」說，為辨體批評奠定了基礎。

　　如果説摯虞用「正變」説論賦之源流演變還未明確指出賦體何者為「正」、何者為「變」的話（實際上他主張詩人之賦為「正」，辭人之賦為「變」），那麼他在論詩的源流演變時，用「正變」説的痕跡就更加明顯了。摯虞所説的「古詩」，是指《詩經》。「古詩率以四言為體」，即是説《詩經》中的四言詩是正體，其餘三言、五言、六言、七言、九言，在《詩經》中不過間或有一兩句雜在四言中間，「後世演之，遂以為篇」。也就是説，三言詩、五言詩等都源於《詩經》，古代的詩可以合樂，從音樂的角度説，三言詩漢代的郊廟歌多用它，五言與七言，「俳諧倡樂多用之」，這種説法不管事實如何，其本身就含有對五言、七言詩樂歌的輕視。摯虞的結論是：「夫詩雖以情志為本，而以成聲為節。然則雅音之韻，四言為正；其餘雖備曲折之體，而非音之正也。」明確指出，四言詩為「正」，其他各體為「變」。這一問題，曾引發一場爭論。

　　劉勰大概受到摯虞的影響，也認為四言詩為「正體」。《文心雕龍》〈明詩篇〉説：「若夫四言正體，則雅潤為本；五言流調，則清麗居宗。」劉勰和摯虞一樣，也是把四言詩當作「正體」，這裡「流」的含義，不是流行的「流」，而是「流變」之流。「流調」即「變調」，是「正體」的流變或變種。摯虞著眼點在於音聲的「正變」。劉勰的著眼點應偏重文字、風格，故用「雅潤」、「清麗」二詞概括之。「雅潤」即典雅溫潤，或雅正溫潤；「清麗」，即清新流麗，或自然流麗。單純從這兩個詞看，崇抑的傾向只是隱隱可見，因劉勰是最推崇「典雅」的，在八種風格中，「典雅」居於首位，與「麗」有關的「壯麗」排在第六，可見「雅潤」與「清麗」相比，在劉勰心目中有著不小的差別。至於「正體」與「流調」的關係，實即「正」與「變」的關係，崇抑傾向就更加明顯了。比劉勰稍晚的鐘嶸（約468-518），在論述四言、五言詩

時，與摯虞和劉勰是唱反調的，他首先給五言詩以正統的地位。《詩品序》說：

> 夫四言，文約意廣，取效〈風〉《騷》，便可多得。每苦文繁而意少，故世罕習焉。五言居文詞之要，是眾作之有滋味者也，故云會於流俗。豈不以指事造形，窮情寫物，最為詳切者耶！

「文約意廣」是指文字簡約而意蘊寬廣，他認為傚法《詩經》、《楚辭》便可多得，實際上《楚辭》中並無純正的四言詩，「取效〈風〉《騷》」改為「取效〈風〉、〈雅〉」更為合適。「便可多得」，似有容易寫作之意，但後文又說「每苦文繁意少」，正與「文約意廣」相反，這說明寫作四言詩並不容易，所以後代創作四言詩的人愈來愈少。說到五言詩，他認為五言詩在詩體中居於重要地位，最耐人品味，在藝術描寫上能夠既詳細又切近事物的原貌，這實際上是說五言詩優於四言詩。以今天的觀點看，五言詩比四言詩在語言組合上變化大，迴旋餘地寬，鐘嶸所言符合詩歌發展的規律，其詩歌的美學觀點在這一點上比劉勰有所進步。他把五言詩擺在正宗的地位，而且專門品評五言詩，在文學批評史上他是第一次獨尊五言，前人把五言當作四言的變體，鐘嶸卻把五言視為「正體」，這實際上已含有「以變為正」的思想意蘊了，實為詩歌辨體批評的第一個里程碑。

第五章

唐代文論中的「正變」論

　　四言、五言乃至七言何者為「正」，何者為「變」？圍繞它們在窮情寫物方面的短長之爭一直延續到唐代，如李白曾說：「興寄深微，五言不如四言，七言又其靡也。」（孟棨《本事詩》引）「興寄」即比興寄托，唐人論詩，頗重「興寄」與「興象」，為什麼在「興寄深微」方面，五言不如四言，七言又細靡更加不如四言呢？恐怕難以說得清楚，實際上這還是「崇正抑變」的思想在作怪。因為推崇《詩經》的「雅人深致」（《世說新語》引謝安石語），以此為詩之正宗，所以瞧不上後代的五言、七言詩。其實五言詩同樣也可以「興寄深微」，阮籍的五言體《詠懷詩》八十二首，在「興寄深微」方面甚至可以說超過《詩經》，因為太「深微」了，以致「厥旨淵放，歸趣難求」（鐘嶸《詩品》），包括李白寫的七言詩，又何嘗沒有「興寄」呢？如果說李白以追求「興寄深微」為口實，掩蓋了他的「崇正抑變」思想的話，那麼，比李白稍早的陳子昂（661-702），在這方面表現得更為明顯。他在《與

東方左史虯修竹篇序》中説：

　　文章道弊五百年矣。漢魏風骨，晉、宋莫傳，然而文獻有可征者。僕嘗暇時觀齊、梁間詩，彩麗競繁，而興寄都絕，每以永嘆。思古人，常恐逶迤頹靡，〈風〉、〈雅〉不作，以耿耿也。一昨於解三處見明公《詠孤桐篇》，骨氣端翔，音情頓挫，光英朗練，有金石聲。遂用洗心飾視，發揮幽鬱。不圖正始之音，復睹於茲，可使建安作者，相視而笑。（《陳伯玉文集》卷一）

　　這是唐代典型的「崇正抑變」觀點。他認為漢魏風骨至晉、宋便中斷了，晉、宋以後，詩道更是每下愈況，愈變愈壞，他們追求華麗而忘記了「興寄」，並以「〈風〉、〈雅〉不作」而耿耿於懷。希望復睹「正始之音」。什麼是「正始之音」呢？郭紹虞先生主編的《中國歷代文論選》註釋説：「正始，魏齊王芳年號（西元240-248年）。作為文學史上的所謂正始時代，是泛指魏王朝後期的。代表作家有何晏、阮籍、嵇康。這裡所説的『正始之音』，指的是嵇、阮的詩。」[1]此注大可商榷。「正始之音」來源於《詩大序》：「〈周南〉、〈召南〉，正始之道，王化之基。」《毛詩正義》説：「〈周南〉、〈召南〉二十五篇之詩，皆是正其初始之大道，王業風化之基本也。」所謂「正始之音」即〈周南〉、〈召南〉之音，代指《詩經》中的「正風」，引而申之，可代指〈風〉、〈雅〉，與作為年代的「正始」實無關係。陳子昂《與東方左史虯修竹篇序》中所云「文章道弊五百年矣」是從建安（196-220年）算起的，陳子昂二十四歲（684年）獻書闕下，三十五歲（695年）左右寫

1　郭紹虞主編：《中國歷代文論選》上冊，中華書局1962年版，第389頁注⑧。

《感遇》詩，三十八歲歸鄉里，論文當作於六九五年前後，此時距建安元年正好五百年，如從正始年間算起，僅四百五十年，「文章道弊五百年」的話就難以成立了，所以「正始之音」實乃〈風〉、〈雅〉之正聲。他不滿意於建安之後的新變，特別對晉宋以後的「彩麗競繁」的新變更加不滿，要求變而復歸於正，能上繼〈風〉、〈雅〉，故以〈風〉、〈雅〉不作，而耿耿於懷，可見他「崇正抑變」的思想十分鮮明。

盧藏用（？-約713）的《右拾遺陳子昂文集序》，其「粗論文之變」時，所推崇的也是「大雅」，他對宋、齊之末的文章之變極為不滿，認為「風雅之道掃地盡矣」。只有陳子昂出來後，才「崛起江漢，虎視函夏，卓立千古，橫制頹波，天下翕然，質文一變」。盧藏用對文章之變是這樣概括的：

> 昔孔宣父以天縱之才，自衛返魯，乃刪《詩》、《書》，述《易》道而修《春秋》，數千百年，文章粲然可觀也。孔子歿二百歲而騷人作，於是婉麗浮侈之法行焉。漢興二百年，賈誼、馬遷為之傑。憲章禮樂，有老成之風。長卿、子雲之儔，瑰詭萬變，亦奇特之士也。惜其王公大人之言，溺於流辭而不顧。其後班、張、崔、蔡、曹、劉、潘、陸，隨波而作，雖大雅不足，其遺風餘烈，尚有典型。宋、齊之末，蓋憔悴矣，逶迤陵頹，流靡忘返，至於徐、庾，天之將喪斯文也。後進之士，若上官儀者，繼踵而生，於是風雅之道掃地盡矣。（《全唐文》卷二百三十八）

盧藏用是從「宗經」、「崇雅」（也即「崇正」）的觀點來總結自孔子至初唐的文學發展變化的，孔子自衛返魯然後樂正，〈雅〉、〈頌〉各得其所。刪《詩》、《書》，述《易》道而修《春秋》，五經的正統地位

已經確立；二百年後而騷人作，指楚辭興起，詩歌為之一變，這時「婉麗浮侈」的寫作方法已經流行。他對於兩漢作家的評價，微詞不多，總的傾向是東漢不如西漢。對魏晉作家，他雖指出其「大雅不足」，但尚有風雅的遺風餘烈，即變而未盡失其正，他批判的重點是宋、齊之末的「變」。特別是齊梁時代的徐摛、徐陵父子，與庾肩吾、庾信父子，認為變至徐、庾，而斯文喪盡，這是針對宮體詩文而發。唐初的上官儀，亦是宮體詩的作者，當時號稱「上官體」，變至上官儀，「風雅之道掃地盡矣」，看來盧藏用已經把「正變」當作一個批評的標準，合乎風雅傳統的則加以肯定，變而失去風雅之旨的則大力批判，尤其對齊梁「新變」深惡痛絕，雅正在他那裡已經變為批評的武器了。

文壇詩壇風雅不作，初唐、盛唐的不少作家、評論家均有此同感，這是一個時代思潮的反映，其目的是為文風的改變製造輿論，以形成盛唐的氣象。

李白（701-762）在《古風五十九首》（其一）中寫道：

〈大雅〉久不作，吾衰竟誰陳？〈王風〉委蔓草，戰國多荊榛。龍虎相啖食，兵戈逮狂秦。正聲何微茫，哀怨起騷人。揚馬激頹波，開流蕩無垠。廢興雖萬變，憲章亦已淪。自從建安來，綺麗不足珍。聖代復元古，垂衣貴清真。群才屬休明，乘運共躍鱗。文質相炳煥，眾星羅秋旻。我志在刪述，垂輝映千春。希聖如有立，絕筆於獲麟。（《李太白全集》上冊卷二）

李白以「古風」名篇，本身就含有追跡古代的「風雅」傳統之義，故開篇便感嘆，「〈大雅〉久不作」、風雅寢聲，正聲微茫，「崇正」、「復古」的傾向溢於言表。「哀怨起騷人」，言由正而變，《詩》亡而楚

辭興起，再變而為揚雄、司馬相如的辭賦，他們激揚《楚辭》的頹波，又開闢了賦體創作的潮流。《詩經》以後的創作雖然屢經變化，但詩的法度已經淪喪。建安以來的作品崇尚綺麗，不足珍貴。李白認為唐代已恢復了遠古的傳統，政治上無為而治，民風亦隨之歸真返璞，當代詩人逢此清明之世，應當大顯身手，寫出光輝的作品。他還要倣法孔子，編寫當代詩，撰寫當代史。看來李白的「崇正」含復古之義，他的「抑變」是「救衰」，是不滿於六朝文學的「新變」，可以說李白的「正變」論，其實質上打著復古歸正的旗號，進行革新，以合於自己美學理想的「變」，革除六朝文學的「新變」。這也說明了，對「變」的要求，各個時代是不同的。「變」的美學內涵，各個時代也不同，一代有一代之「正變」。

殷璠的「正變」觀，大體與陳子昂、盧藏用、李白相似，而又略有不同。他在《河岳英靈集敘》中說：「夫文有神來、氣來、情來，有雅體、野體、鄙體、俗體。」所謂「雅體」，即「正體」；其他三體，對「正體」而言，均系「變體」，其品格，均不能與「正體」相比。該文又說：「自蕭氏（指齊梁）以還，尤增矯飾，武德（高唐祖年號）初，微波尚在。貞觀末，標格漸高。景雲中，頗通遠調。開元十五年後，聲律風骨始備矣。實由主上惡華好朴，去偽從真，使海內詞場，翕然尊古，有周〈風〉、〈雅〉，再闡今日。」、「矯飾」指聲律辭藻的刻意講求，殷璠曾指責六朝文風「都無比興，但貴輕豔」，「矯飾」亦為六朝文風的特點。他認為初唐尚有六朝文風的餘習，至少在高祖時代，其「微波尚在」；從貞觀末，唐詩的變化才漸入正軌；太宗末年，「標格漸高」；睿宗年間，「頗通遠調」；至玄宗開元十五年後，「聲律風骨」備具。他不反對「變」，只是反對六朝文學的「新變」，對唐代詩歌的「變」，他是肯定的，認為愈變愈好，而所以變得好，是因為變而復歸

於正，是「去偽從真」的「變」，是「翕然尊古」的「變」，是將周代的〈風〉、〈雅〉正聲，再現於今日。他把初唐至盛唐詩歌發展變化的過程，看作是復興〈風〉、〈雅〉的過程，把「變」視為「復古」。但殷璠論詩之「正變」，與陳子昂、李白亦有不同之處，在《河岳英靈集》〈集論〉中，他並未一概否定六朝之詩，認為有些詩「雅調仍在」，主張「既閑新聲，復曉古體；文質半取，〈風〉《騷》兩挾」。這實質上是主張「正」與「變」的統一。

杜甫（712-770）論詩，與陳子昂、李白以「復古」為正不同，他不簡單地否定六朝的「新變」，主張「轉益多師」，以齊梁文風為戒，但又不廢齊梁，對《詩經》以後各代的詩，他雖然也認為〈風〉、〈雅〉為正體，有所謂「別裁偽體親〈風〉、〈雅〉」（《戲為六絕句》）之說，但他仍然主張「清詞麗句必為鄰」，主張對六朝詩歌既要有所批判，又要有所繼承。他的「正變」觀，有點類似劉勰的「通變」。現引用他的《戲為六絕句》，以見一斑：

庾信文章老更成，凌雲健筆意縱橫。今人嗤點流傳賦，不覺前賢畏後生。（其一）

不薄今人愛古人，清詞麗句必為鄰。竊攀屈宋宜方駕，恐與齊梁作後塵。（其五）

未及前賢更勿疑，遞相祖述復先誰。別裁偽體親〈風〉、〈雅〉，轉益多師是汝師。（其六）

唐代對六朝文風罵得厲害，而其中攻擊的重點是徐陵、庾信。這

種全盤否定的傾向十分片面，杜甫能區分庾信前後期作品內容風格的不同，大力肯定庾信後期的詩賦，贊其「凌雲健筆意縱橫」。杜甫在《春日憶李白》詩中說：「清新庾開府，俊逸鮑參軍。」又在《詠懷古蹟五首》（其一）說：「庾信平生最蕭瑟，暮年詩賦動江關。」在時人大罵徐、庾之時，杜甫能如此看中庾信後期的詩賦，足見他雖崇「正」而「親〈風〉、〈雅〉」，但又不否定「新變」。杜甫所說庾信的「清新」，亦即他在《戲為六絕句》中所說的「清詞麗句」，清代的沈德潛也正是這樣理解「清新」的。可見杜甫對待詩的「正變」，是以「正」、「變」兼融為特色的。

白居易（772-846）的「正變」觀比起初唐、盛唐諸家又有所發展。《詩大序》在談詩的政治作用的時候，既講「美」，也講「刺」，「正風」是「上以風化下」，「變風」是「下以風刺上」。白居易則更強調「刺」。他在《采詩官》一詩中說：

周滅秦興至隋代，十代采詩官不置。郊廟登歌贊君美，樂府豔詞悅君意。若求興諭規刺言，萬句千章無一字。不是章句無規刺，漸恐朝廷絕諷議，諍臣杜口為冗員，諫鼓高懸作虛器。……欲開壅蔽達人情，先向歌詩求諷刺。

為了「救濟人病，裨補時闕」（《與元九書》），為了振興封建王朝，扭轉「贊君美」、「悅君意」的諛辭的氾濫，將下情上達，打開上下壅蔽的言路，改變君蔽臣奸的腐敗局面，他認為當務之急是提倡諷刺詩，這是他倡導的「新樂府」運動的核心。白居易把諷刺詩擺在首位，大有以「變」代「正」的味道。他所寫的《秦中吟》，是「一吟悲一事」的，《長恨歌》是長篇佳作，他卻自認為：「一篇《長恨》有風

情，十首《秦吟》近正聲。」（《編集拙詩成一十五卷因題卷末戲贈元九、李二十》，《全唐詩》卷四三九）把《秦中吟》看得比《長恨歌》更為重要，因為《秦中吟》代表的是「正聲」。《詩大序》以「下以風刺上」為「變」，白居易以刺詩為「正聲」，大有以「變」為「正」的趨向。

　　白居易論詩，極重視「風雅比興」。他在《讀張籍古樂府》中說：「為詩意如何？六義互鋪陳。風雅比興外，未嘗著空文。」這裡所說的「六義」和「風雅比興」，就是指包括「美刺」、勸誡、「正變」的傳統詩學，可以說白居易是將《詩經》當作詩歌創作的典範和評論詩歌的準繩了。在《與元九書》中，白居易以這樣的尺度對歷代作家進行了系統的評論：

　　〈國風〉變為騷辭，五言始於蘇、李。蘇、李，騷人，皆不遇者，各系其志，發而為文。故「河梁」之句，止於傷別；澤畔之吟，歸於怨思。徬徨抑鬱，不暇及他耳。然去《詩》未遠，梗概尚存。故興離別則引「雙鳧」、「一雁」為喻，諷君子小人則引香草惡鳥為比。雖義類不具，猶得風人之什二三焉。於時六義始缺矣。

　　晉、宋以還，得者蓋寡。以康樂之奧博，多溺於山水；以淵明之高古，偏放於田園。江、鮑之流，又狹於此。如梁鴻《五噫》之例者，百無一二焉。於時，六義浸微矣，陵夷矣。

　　至於梁、陳間，率不過嘲風雪、弄花草而已。噫！風雪花草之物，《三百篇》中豈舍之乎？顧所用何如耳。設如「北風其涼」，假風以刺威虐也，「雨雪霏霏」，因雪以愍征役也；「棠棣之華」，感華以諷

兄弟也；「采采芣苢」，美草以樂有子也；皆興發於此而義歸於彼。反是者，可乎哉！然則「余霞散成綺，澄江淨如練」，「離花先委露，別葉乍辭風」之什，麗則麗矣，吾不知其所諷焉。故僕所謂嘲風雪、弄花草而已。於時六義盡去矣。（《白氏長慶集》卷四十五）

　　白居易將〈國風〉之後的「變」分為三個階段，楚辭與兩漢之詩，由於其時代距《詩經》的時代不遠。所以「六義」與「風雅比興」的梗概尚存，但風人之旨已失去大半，僅存十之二三，此時為「六義」始缺的時代。「晉、宋以還，得者蓋寡」。所謂「得者」，指得「風雅比興」者。他對山水詩、田園詩一概不滿的原因，也是因為它們缺少「風雅比興」，對後漢梁鴻的《五噫》詩，因系諷刺最高統治者大興土木的，故他格外垂青。他把晉、宋之詩，視為「風雅比興」的衰變期，也即「六義浸微」的時期。對於梁、陳時代的詩，認為是「嘲風雪、弄花草」的玩意，缺少諷喻之義，不像《詩經》那樣，借風雪花草來諷喻。這是「六義盡去」的時代。白居易如此看法，其片面性十分顯。他只重詩歌的教化諷喻作用，不顧詩歌的娛悅作用與美學特徵，緊緊抱著「風雅比興」不放，把諷刺看得高於一切，白居易的失足點在於此。但儒家的詩教主張「主文而譎諫」，主張「溫柔敦厚」，白居易的諷喻詩，並不顧及傳統的詩教。他的諷刺十分尖銳，為此，他不怕得罪權貴與執政者。他說：「聞《秦中吟》，則權豪貴近者相目而變色矣。聞《樂遊園》寄足下詩，則執政柄者扼腕矣。聞《宿紫閣村》詩，則握軍要者切齒矣。」（《與元九書》）白居易把「變風」、「變雅」刺王政之失的刺詩，目為「正聲」，又突破了「溫柔敦厚」的詩教，把諷喻詩提高到批判現實主義的高度，這是他的獨特貢獻。

　　唐代的古文家柳冕，他論「正變」別具一格。他在《答衢州鄭使

君論文書》中說：

　　夫善為文者，發而為聲，鼓而為氣。直則氣雄，精則氣生，使五
彩並用，而氣行於其中。故虎豹之文，蔚而騰光，氣也；日月之文，
麗而成章，精也。精與氣，天地感而變化生焉，聖人感而仁義行焉。
不善為文者，反此，故變風、變雅作矣。六藝之不興，教化之不明，
此文之弊也。（《唐文粹》卷八十四）

　　柳冕論詩文，強調的是「教化」，是「文」與「道」的合一，他的
「道」指的是儒道，教化是從上而下施行的，他感興趣的是「上以風化
下」，並認為能寫出這樣的文章，才算是「善為文者」，對於「吟詠情
性，以風其上」的作品，他認為不利於教化，這樣就不算「善為文
者」。他在《答徐州張尚書論文武書》中說：「夫文章者，本於教化，
發於情性。本於教化，堯舜之道也。發於情性，聖人之言也。自成康
歿，頌聲寢，騷人作，淫麗興。文與教分而為二。」這就是說文章必須
以儒道為內容，以教化為目的。在他看來，不「本於教化」、不本於儒
道的文，根本就算不上文，「文章之道，不根教化，則是一技耳。」
（《謝杜相論房杜二相書》）從這種衛道、衛教的觀點出發，他把「變
風」、「變雅」看作是次等貨，是不善於為文者的作品，並把「六義之
不興，教化之不明」，都歸罪於「變風」、「變雅」，認識不到諷喻作品
從反面垂戒亦可有利於教化的作用，這種觀點比漢儒還落後，他簡直
想取消刺詩。基於這樣的認識，他把文學發展的過程視為文學衰亡的
過程：「屈宋以降，則感哀樂而亡雅正；魏晉以還，則感聲色而亡風
教；宋、齊以下，則感物色而亡興致。」（《與滑州盧大夫論文書》）他
的「崇正」，實際上是崇道、崇教化，他的「抑變」實際上是取消

「變」，否定「變」，在這方面已經走上了極端片面的泥坑。與白居易的大力肯定諷喻詩，把刺詩當作「正聲」，形成巨大的反差。

　　唐代古文運動的後繼者皇甫湜（約777-約835）在論述「奇」與「正」的關係方面，可視為《文心雕龍》的嗣響。他在《答李生第二書》中說：

　　夫謂之奇，則非正矣；然亦無傷於正也。謂之奇，則非常矣，非常者，謂不如常者；謂不如常，乃出常也。無傷於正而出於常，雖尚之亦可也。……夫文者非他，言之華者也。其用在通理而已，固不務奇，然亦無傷於奇也。使文奇而理正，是尤難也。生意便其易者乎？夫言亦可以通理矣，而以文為貴者非他，文則遠，無文即不遠也。以非常之文，通至正之理，是所以不朽也。（《皇甫持正文集》卷四）

　　皇甫湜對「奇」與「正」的辯證關係，概括出三點：第一，「奇」雖然不是「正」，但可無傷於「正」，「奇」既然「無傷於正而出於常」，以「奇」為貴未嘗不可；第二，「文奇而理正」，是最難達到的境界，也是應當追求的境界；第三，「以非常之文，通至正之理」，二者結合得好，才能使作品流傳不朽，這是從孔子的「言而不文，行而未遠」推衍出來的。總而言之，「奇」是「文」的範疇，屬於形式方面，「正」的是理，屬於文章的內容方面。他所說的「奇」、「正」關係，實際上是形式與內容的關係。這比孫樵所說的「趨怪走奇，中病歸正」（《與王霖秀才書》）要高明一些。孫樵所說的「反奇歸正」，是「趨怪走奇」出了毛病，不得已才採用「歸正」的補救措施，「歸正」是被動的，沒有把「奇正」看成是相輔相成的辯證統一體。

第六章

宋金元文論中的「正變」論

　　宋代的學術思想比較複雜，又處在封建社會的衰變期，所以論及文章與詩歌的「正變」，呈現出十分複雜的態勢。何者為「正」，何者為「變」，提倡「正變」的目的何在？各家各派不盡相同，有時是互相對立的。雖然許多人論詩都以《詩經》和《詩大序》立論，但旨趣並不相同。有的強調「上以風化下」（這是《詩大序》的所謂「正」），有的強調「下以風刺上」（這是「變」），雖然都用「風雅比興」之說，目的與旨趣卻大不相同。宋初詩文革新運動的重要人物梅堯臣（1002-1060）在《答韓三子華韓五持國韓六玉汝見贈述詩》中寫道：

　　聖人於詩言，曾不專其中。因事有所激，因物興以通。自下而磨上，是之謂〈國風〉。〈雅〉章及〈頌〉篇，刺美亦道同。不獨識鳥獸，而為文字工。屈原作《離騷》，自哀其志窮。憤世嫉邪意，寄在草木

蟲。邇來道頗喪，有作皆言空。[1]

　　「自下而磨上」的「磨」字，是救治的意思，用法同司空圖《澤州
靈泉院記》的「長老繼作，磨昏抉瞶」相同。在上者昏瞶，詩人用詩
歌來救治，這實際上是「下以風刺上」。《詩大序》認為這是「變風」，
梅堯臣認為這是〈國風〉的特點，他以「變風」來代替〈國風〉，足見
他對「自下而磨上」的重視。「〈雅〉章及〈頌〉篇，刺美亦道同」兩
句，也很值得注意。〈大雅〉、〈小雅〉有美有刺，「變雅」多賢人失志
之作，是哀王政之廢的，屬刺詩。〈頌〉篇純係頌美之作。所謂「刺美
道同」，實際上肯定了刺詩與頌美之詩，同樣具有重要的社會意義。
《詩經》一變而為騷，從漢代開始，就有人對屈原不滿，指責其「露才
揚己」，顯露君過，「未得其正。」（班固《離騷序》）白居易雖重視刺
詩，但對《離騷》亦有所貶抑。梅堯臣認為屈原的《離騷》等是「自
哀其志窮」的作品，是「憤世嫉邪」之作，依然肯定其「變而不失其
正」。這比單獨主張「上以風化下」觀點要全面得多，如比梅堯臣稍早
的趙湘，在《王象支使甬上詩集序》中說：「詩者，文之精氣，古聖人
持之攝天下邪心。」梅堯臣的看法比趙湘也進步得多。強調「上以風化
下」，還是強調「下以風刺上」，雖然都重視詩歌的社會作用，實質上
是兩種截然不同的論詩宗旨。前者是把詩變成對人民實行思想統治的
工具，後者是用詩反映下層人民的呼聲，刺詩是對社會醜惡現象的鞭
撻，抒發的是詩人的生活感受和美學理想，其價值和美學品格，往往
在歌功頌德的「美」詩之上，這在詩歌史上是可以得到證明的。

1　朱東潤編：《梅堯臣集編年校注》中冊，上海古籍出版社1950年版，第336頁。下引梅
　堯臣之文皆出此書，不再注出。

梅堯臣論詩，還提出一個「靜正」的概念。「靜正」即以靜為正。他在《林和靖先生詩集序》中說：

其順物玩情，為之詩則平淡邃美，讀之令人忘百事也。其辭主乎靜正，不主乎刺譏，然後知趣尚博遠，寄適於詩爾。

這個「靜正」，有兩個特點：其一與「平淡邃美」的風格有關，其二與「不主刺譏」追求內心的平靜有關。梅堯臣賦予「正」以新的美學內涵，從中可以看出宋代審美趨向的一個變化。宋代的文論家，由於受道家特別是《莊子》的影響較多，在藝術風格上崇尚自然平淡，正因為如此，所以陶淵明的地位在宋代高出杜甫，這正是「靜正」的審美觀產生的歷史背景。梅堯臣在《答中道小疾見寄》詩中說：「詩本道性情，不須大厥聲。方聞理平淡，昏曉在淵明。」此中以可見這一審美趨向的端倪。

梅堯臣論「正變」，沒有「崇正抑變」的傾向，稍後於他的石介（1005-1045），就大不相同了。石介在《怪說》〈中〉談到《詩經》的時候，只提〈雅〉、〈頌〉而不提〈國風〉，為了「崇正」，他提出「典正」的概念。如何才能達到「典正」呢？石介說：「夫與天地生者性也，與性生者誠也，與誠生者識也。性厚則誠明矣，誠明則識粹矣，識粹則文典以正矣。然則文本諸識矣。聖人不思而得，識之至也。」（《送龔鼎臣序》）「識」是「性」的派生物，而「性」又是天生的，所謂「典正」，最後便歸於孔子的儒道了。這實際上是以道統代文統，如此的「典正」，也就沒有什麼意義了。

宋代理學家的「正變」論，由於他們重道輕文，甚至意欲取消文，提倡「性理」，他們雖然也常常以《詩經》和《詩大序》為口實，但當

他們論及「正變」時，反而覺得還不如漢儒之說可取，儘管漢儒有許多牽強附會之處。歸納起來，宋代理學家的「正變」論大體有以下幾個特點：（一）對待文學的發展變化，他們大多認為愈變愈壞，是文學退化論者。周敦頤（1017-1073）《通書》第十七說：

後世禮法不修，刑政苛紊，縱慾敗度，下民困苦。謂古樂不足聽也，代變新聲。妖淫愁怨，導欲增悲，不能自止。故有賊君棄父，輕生敗倫，不可禁者也。嗚呼！樂者，古以平心，今以助欲；古以宣化，今以長怨。不復古禮，不變今樂，而欲至治者，遠矣。

石介《與裴員外書》云：

噫！文之弊已久。自柳河東、王黃州、孫漢公輩相隨而亡，世無文公儒師。天下不知所准的。……文之本日壞，枝葉競出，道源益分，波派彌多，天下悠悠。其誰與歸！輕薄之流，得斯自騁，故雕巧纂組之辭，遍滿九州而世不禁也；妖怪詭誕之說，肆行天地間而人不御也。

類似的看法在道學家的文論中比比皆是，他們信奉的哲學是「天不變，道亦不變」，因此看不慣「變」，也排斥「變」，對於文章來說，只能認為「變」就是「天喪斯文」，愈變愈壞。他們對漢儒的「美刺」說也是只取一端，即只取「美」而排斥「刺」，所謂「古以宣化，今以長怨」，實際上是只要教化，反對「怨刺」，目的是加強思想統治，使人們不怨不怒，安於尊卑貴賤的封建禮法，以達到他們心目中的「至治」。

（二）《詩大序》認為「變風」、「變雅」是「發乎情，止乎禮義」的，雖然對抒情加以限制和防範，但還是主張詩歌要「吟詠情性」，不過是主張「變而不失其正」。宋代的道學家，則只提倡寫「性」，而反對抒情。邵雍（1012-1077）論詩，是這方面觀點的代表。他在《伊川擊壤集序》中，反覆申述的道理就是這一點。他認為詩之作，無非「身」、「時」二端，「身則一身之休戚」，「時則一時之否泰」，「一身之休戚則不過貧富貴賤而已，一時之否泰則在夫興廢治亂者焉」；而這種悼身傷時之作很容易沉溺於個人的情好，而不能以天下大義為言，即便是古人之詩，雖善惡明著，但足以垂訓後世的並不多，「是以仲尼刪《詩》，十去其九」；而「近世詩人，窮戚則職於怨憝，榮達則專於淫泆，身之休戚發於喜怒，時之否泰出於愛惡，殊不以天下大義而為言者，故其詩大率溺於情好也」。並認為：「情之溺人也甚於水」，「然而有稱善蹈者，未始不為水之所害也。」他還認為，「情之好惡」是很難控制得住的，唯一的辦法就是消除這種感情，達到「以物觀物」的境地。而所謂「以物觀物」，就是把有七情六慾之人，變為無情之物。邵雍認為「以物觀物」和「以我觀物」的區別在於：「以物觀物，性也；以我觀物，情也。性公而明，情偏而暗。」（《皇極經世》）而「情」簡直可以說是道德修養的累贅，邵雍稱之為「情累」，而「性」是得之於天的，用邵雍的話說，就是「天使我有是謂之命，命之在我之謂性。」（《皇極經世》）原來《詩大序》所說的「變風」、「變雅」是「吟詠情性，以風其上」的，這樣的「情性」是詩人的情感，並沒有區分「情」與「性」有何不同，更不含對立的因素。可到了宋代的道學家手裡，便把「情」與「性」對立起來，只准「性理」存在，不準有「情」的存在，這不能不說是對《詩大序》的歪曲，同時也是對「風雅正變」說的歪曲。《詩大序》說：「發乎情，民之性也；止乎禮義，先王之澤

也。」宋代道學家的「性」，不是「民之性」，而是得之於天的「性」，實際上是「天理」的同義語，是儒家之道，是封建的綱常倫理，這是對《詩大序》的又一歪曲。《詩大序》所說的「先王之澤」，是詩人自覺蒙受先王教化的表現，道家卻主張把儒家之道灌輸在作家頭腦中。前者是主動的，後者是被動的；前者論詩，詩與「情」是緊密連繫在一起的，後者卻乾脆割斷了詩與「情」的連繫，而最後導致取消文藝，這與道家所說的「作文害道」是密切相關的。道學家雖然打著尊重《詩大序》的旗號，如說：「學《詩》而不求《序》，猶欲入室而不由戶也。」（邵雍《伊川經說》）其實他們不過是打著《詩經》與《詩大序》的旗號宣揚自己的主張罷了。

道學家多將「正變」說歪曲成「不變」說，但宋代確也有「尚變」之人，劉弇（1048-1102）就是其中的一位，他在《上曾子固先生書》中說：

> 文章之難也從古則然，雖有博者莫能該也。則此處有一道焉，變是也。

在此文中還稱讚曾鞏（字子固）「非徒能文，正在能變耳」。他歷數經、史、詩、騷各類文體和周、漢、唐、宋各家文章，證明凡能傳世者都由於能「變」，把「變」提到了作文的根本原則的高度。他所說的「變」範圍很廣，有內容之變，有體裁之變，有風格之變。把「變」的重要性提得這樣高，範圍擴展得這樣大，在有宋一代，是不可多見的。

朱熹（1130-1200）是宋代理學家的集大成者，但他一生都在與文學打交道，是比較懂得文學的。朱熹對於《詩大序》與「風雅正變」

說的態度，我們在上文已有專節論述，可參閱。他並不是絕對反對「變」的，他在《跋病翁先生詩》中說：

余嘗以為天下萬事皆有一定之法，學之者須循序而漸進。……向後若能成就變化，固未易量，然變亦大是難事。果變而不失其正，則縱橫妙用何所不可；不幸一失其正，卻反不若守古本舊法以終其身之為穩也。……嗚呼！學者其毋惑於不煩繩削之說，而輕為放肆以自欺也哉！

表面上看，朱熹是不反對「變」，主張「變而不失其正」。但他認為「變」是難度很大的，帶有一定的風險性，萬一變而失其正，反而不如「守古本舊法以終其身」來得穩妥。朱熹是個老滑頭，他似乎在警告人們不要輕易地學「變」，還是墨守古法為好，骨子裡還是不太贊成學「變」。

值得注意的是，朱熹這裡所說的「正變」，既非「風雅正變」，也非「詩體正變」，而是創作論的「正變」。在緊接上引《跋病翁先生詩》之後，又說：「李、杜、韓、柳，初亦皆學《選》詩者，然杜、韓變多，而柳、李變少，變不可學，而不變可學，故自其變者而學之，不若自其不變者而學之，乃魯男子學柳下惠之意也。」他從唐代的李白、杜甫、韓愈、柳宗元學習六朝《選》詩而論，認為杜甫、韓愈「變多」，柳宗元、李白「變少」，這個「變」指的是基於《選》體詩的創造性，「正」帶有固定性，有規矩可尋，相對來說，學習起來比較容易，創造性的「變」，沒有固定程式，有點「巧不可階」的味道，需要作家本人的才力相濟，「變」之難實在於此。朱熹的分析還是符合實際的，有合理因素。

南宋的真德秀（1178-1235），也是一位道學家，而且是朱熹的再傳弟子。他按照朱熹的觀點編選了一部《文章正宗》，他在《敝帚稿略》〈文章正宗綱目〉中說：

正宗云者，以後世文辭之多變，欲學者識其源流之正也。自昔集錄文章者眾也，若杜預、摯虞諸家，往往湮沒弗傳，今行於世者惟梁昭明《文選》、姚鉉《文粹》而已。由今視之，二書所錄果真得源流之正乎？夫士之於學，所以窮理而致用也。文雖學之一事，要亦不外乎此。故今所輯，以明義理切世用為主，其體本乎古、其指近乎經者然後取焉，否則辭雖工亦不錄。

開頭三句，「正」與「變」是相對成文的，真德秀所謂的「正宗」，一指「源流之正」，即指所選之詩文，在文學的發展演變中是居於正統地位的，是「變而不失其正」者。他不滿意《文選》與《文粹》，認為二書所選之文未必真得「源流之正」。在文章的內容上，他強調以「明義理」、「切世用」為主，實際上是用道學家的「義理」來維繫世道人心，有補於世教。在體式上主張「本乎古」，在文章的旨歸上主張「近乎經」，其復古的傾向甚明。這種「正宗」並無多少可取之處，但他提出了「源流之正」的問題，對明代的辨體批評卻有一定的影響，「源流正變」是明代辨體批評家論詩的核心問題，這一問題，留待下文中分析明代許學夷的《詩源辯體》時再加論述。

包恢（1182-1268）論詩的「正變」，更向明代的辨體批評前進了一步。他在《書撫州呂通判詩稿後》中指出：

說詩者以古體為正，近體為變。古體尚風韻，近體尚格律，正、

變不同調也。然或者於格律之中而風韻存焉，則雖曰近體而不失古體，特以入格律為異爾。蓋八句之律，一則所病有各一物一事，斷續破碎而前後氣脈不相照應貫通，謂之不成章；二則所病有刻琢痕跡，止取對偶精切，反成短淺，而無真意餘味，止可逐句觀，不可成篇觀，局於格律，遂乏風韻，此所以與古體異。

　　這是有宋一代最完整的「正變」論，包恢將傳統的「正變」説，運用於辨體批評之中，明確指出「以古體為正，近體為變」，而且指出「古體尚風韻，近體尚格律」。所謂「風韻」，即風神氣韻，這是渾朴自然的古詩的群體風格。「近體尚格律」，從後文看，主要指律詩。可貴之處是他指出「風韻」與「格律」並不是絕對不相容的。有的作品，於格律之中仍存風韻，這實際是説「變中有正」。這一觀點為明初高的《唐詩品彙》所繼承。同時，他指出律詩容易犯的兩個毛病，對大多數律詩來説，也的確存在，局於格律而乏風韻確是一般律詩的病症。他的「正變論」，已完全擺脱了《詩大序》的「美刺」説和「發乎情，止乎禮義」的説教，賦予「正變」以新的美學內涵，應引起我們足夠的注意。

　　劉克莊（1187-1269）論詩之「正變」，又別具一格。他在《何謙詩序》中説：

　　余嘗謂以情性禮義為本，以鳥獸草木為料，風人之詩也；以書為本，以事為料，文人之詩也。……夫自〈國風〉、《騷》、《選》、《玉台》、胡部至於唐宋，其變多矣。然變者，詩之體制也；歷千萬世而不變者，人之情性也。（四部叢刊本《後村先生大全集》卷一〇六）

他把詩分為「風人之詩」和「文人之詩」兩大類，雖然沒有明確指出何者為「正」，何者為「變」，但吟詠情性本是詩的本色，不言而喻，「風人之詩」為「正」，「文人之詩」為「變」。「以書為本」的文人之詩，實指以議論為詩，以才學為詩，實際上是針對宋詩的概念化而言，所謂「以情性禮義為本」，實際是主張「發乎情，止乎禮義」，這本來是《詩大序》所說的「變風」、「變雅」的特點，劉克莊卻把它奉為「本色」，頗有「以變為正」的意味。他對歷代詩歌的「變」進行了總結，認為「變」的是體制，不變的是「情性」，這一規律的總結是較符合實際的，發前人所未發，其論點頗為精闢。

嚴羽的《滄浪詩話》，雖然在宋詩話中實為佼佼者，且對明代的辨體批語特別是許學夷的《詩源辯體》產生了巨大的影響，但實際談及「正變」的不過以下幾句話：

〈風〉、〈雅〉、〈頌〉既亡，一變而為《離騷》，再變而為西漢五言，三變而為歌行雜體，四變而為沈、宋律詩。

這幾句不過是頭面上的話，看來嚴羽的興趣並不在「正變」。有人認為「嚴羽的詩論同儒家的詩論具有更強的對抗性」[2]，這話是有道理的。從少談甚至不談「正變」也可看出這一特點。

嚴羽的《滄浪詩話》雖不談「正變」，但從他對〈詩辨〉與〈詩體〉兩部分的論述中，與詩之「正變」均有密切的關係。〈詩辨〉開頭便說：「夫學詩者以識為主：入門須正，立志須高；以漢魏晉盛唐為師，

2　成復旺、黃葆真、蔡鍾翔：《中國文學批評史》（二），北京出版社1987年版，第502頁。

不作開元天寶以下人物。……工夫須從上做下，不可從下做上。先須熟讀《楚辭》，朝夕諷詠以為之本；及讀《古詩十九首》，樂府四篇，李陵、蘇武漢魏五言皆須熟讀，即以李、杜二集枕藉觀之，如今人之治經，然後博取盛唐名家，醞釀胸中，久之自然悟入。雖學之不至，亦不失正路。」他強調的是「入門」的「正」，立志的「高」，他所標榜的「正」的傳統，是《楚辭》、漢魏古詩，李白、杜甫與盛唐詩歌。這些都是詩之正宗，奇怪的是他沒談熟讀《詩經》。郭紹虞先生説：「滄浪只言熟讀《楚辭》，不及《三百篇》，足知其論詩宗旨，雖主師古，而與儒家詩言志之説已有出入。……蓋滄浪論詩，只從藝術上著眼，並不顧及內容，所以只吸收時人學古之説，而與儒家論詩宗旨顯有不同。」[3]實際上宋人的師古之説，並未忘掉《三百篇》，蘇軾説：「熟讀《毛詩》〈國風〉、《離騷》，曲折盡在是矣。」（許彥周《詩話》引）呂居仁説：「學詩須以《三百篇》、《楚辭》及漢魏間人詩為主，方見古人好處。」（《童蒙詩訓》）黃庭堅《大雅堂記》也提出：「廣之以〈國風〉〈雅〉、〈頌〉，深之以《離騷》、《九歌》。」他們都是以《三百篇》與《楚辭》並舉，滄浪獨遺《三百篇》，與時人師古之説不同。《三百篇》被儒家視為「正經」，可見嚴羽心目中的「正」，多少背離了《詩經》的傳統，故閉口不談「風雅正變」。

　　嚴羽對於歷代詩歌的發展變化，是看清楚了的。在《滄浪詩話》〈詩體〉中，開頭便論及從《詩經》到沈宋律詩的四次變化。（引文見前）在論詩體時又指出，「以時而論，則有建安體、黃初體、正始體、太康體、元嘉體、永明體、齊梁體、南北朝體、唐初體、盛唐體、大曆體、元和體、晚唐體、本朝體、元祐體、江西宗派體」等十六體；「以

3　郭紹虞：《滄浪詩話校釋》，人民文學出版社1998年版，第4頁。

人而論，則有蘇李體、曹劉體、陶體、謝體、徐庾體、沈宋體、陳拾遺體、王楊盧駱體、張曲江體、少陵體、太白體、高達夫體、孟浩然體、岑嘉州體、王右丞體、韋蘇州體、韓昌黎體、柳子厚體、韋柳體、李長吉體、李商隱體、盧仝體、白樂天體、元白體、杜牧之體、張籍王建體」等三十六體，這說明他的辨體相當細緻。對於辨體批評家來說，諸體之不同就是「變」，其中也有所謂「正」、「變」，但嚴羽就是只言體，不言「正變」。又說：「辯家數如辯蒼白，方可言詩。」（《滄浪詩話》〈詩法〉）所謂「家數」亦與「源流正變」有密切關係，但不像明代的許學夷標明論詩首重「源流正變」，嚴羽卻只使用「家數」。又嚴羽論詩頗重「本色」、「當行」，所謂「當行」、「本色」實際就是「正宗」的意思，嚴羽卻不用「正宗」這個詞。又如他論述盛唐諸公與近代諸公（指宋代諸公）詩的不同時說：「詩者，吟詠情性也。盛唐諸人唯在興趣，羚羊掛角，無跡可求。故其妙處透徹玲瓏，不可湊泊。如空中之音，相中之色，水中之月，鏡中之象，言有盡而意無窮。近代諸公乃作奇特解會，遂以文字為詩，以才學為詩，以議論為詩。夫豈不工，終非古人之詩也。」[4]盛唐詩與宋詩的不同，明代的辨體批評家用「正變」來概括，或者把以文為詩、以議論為詩稱為「大變」（見許學夷《詩源辯體》，後文將論及）嚴羽是話到嘴邊就是不說「正變」二字，寧願用比喻、用同義語代替，也不說出「正變」這兩個字。這大概是有意與儒家的傳統詩學《詩大序》相對抗吧。另外一個原因是他喜用比喻論詩，「以禪喻詩」，所以不用儒家傳統的詩學「正變」說。

　　對於唐詩的分期，嚴羽是有開創之功的，他首先分為唐初、盛

4　郭紹虞：《滄浪詩話校釋》第26頁。

唐、大曆、元和、晚唐五個階段，這是以時代劃分的，也是以「體」分期的，五個階段各加一個「體」字，所以也稱「五體」説。雖然未論「正變」，卻是地地道道的「詩體正變」。朱自清在《詩言志》〈正變〉中，將「正變」分兩部分論述：一、〈風〉、〈雅〉正變；二、詩體正變。在「詩體正變」一節中，他説到古代批評家論「文變」的，有些是「通論歷代『文變』」，有的是「專論一代的」，並指出：「專論詩體的變的也有通論和斷代的分別。嚴羽《滄浪詩話》有〈詩體〉一篇，辨析歷代詩體最細；他分唐詩為『唐初』、『盛唐』、『大曆』、『元和』、『晚唐』五體，是至今通行的四唐説（指初、盛、中、晚——引者）的源頭。」[5]儘管嚴羽沒有使用「文變」和「正變」，朱自清先生還是看出了嚴羽這是在論「詩體正變」的，而且所論是通論歷代文變又兼論斷代「文變」，其中也包含「正變」。

如果説嚴羽把唐詩分為五體還未明確「正變」的話，那麼元代楊士弘的《唐音》，便把嚴羽的「五體」説略加變化，改為「四唐」説，統稱「唐音」，以此「審其音律之正變」。他將嚴羽的五體合併為「唐初」、「盛唐」、「中唐」、「晚唐」四體，所謂「中唐體」，包括「大曆體」和「元和體」，「於是審其音律之正變，而擇其精粹，分為『始音』、『正音』、『遺響』，總名曰《唐音》」（《唐音敍目》）又説：「夫詩之為道，非唯吟詠情性、流通精神而已，其所以奏之郊廟，歌之燕射，求之音律，知其世道，豈偶然哉！」（《唐音敍目》）

朱自清先生説：「律詩新創於唐代，古詩和律詩的分別就在音律上；重音律正是唐詩的面目。楊氏看清楚了這副面目，所以説『審其音律之正變』，又説『求之音律，知其世道』，『世道』就是『時』。『音

5　《朱自清説詩》，上海古籍出版社1998年版，第163頁。

律之正變」雖『以其時』，更『以其人』、『以其詩』，所以他的『正音』
裡有『唐初』和『盛唐』，也有『中唐』和『晚唐』，前二者為一類，
後二者又為一類。他說『世次不同，音律高下雖各成家，然體制聲響
相類』，可見所重在『其人』、其體、其詩。他的『始』、『正』之分是
『以其人』兼『以其時』；『正』、『遺』之分是以其詩、『以其人』兼『以
其時』。」[6]

　　這裡需要補充說明的是，「唐音」並不能僅僅理解為唐詩的「音
律」，唐代的律詩與絕句，自初唐之沈、宋已經形成，此後律詩之體式
格律已無什麼變化，可以說已經定格。但從楊氏的「求之音律，知其
世道」看來，他所闡述的還是「聲音之道與政通矣」等儒家傳統的詩
樂觀，即把聲音分為「治世之音」與「亂世之音」兩大類，「治世之音」
為「正」，「亂世之音」或「衰世之音」為「變」。前已指出，漢代的「風
雅正變」說正是以治世、衰世的時代劃分的，後人理解亦含有以人劃
分之義。「唐音」應是唐代詩歌整體風貌的代表，盛唐之音就是通過詩
歌所表現出來的盛唐氣象，不應侷限於音律。中、晚唐詩歌的時代感
傷情緒是初唐、盛唐所沒有的，這可說是唐音的變化，「唐音」之「正
變」，也當指此而言，只有這樣，才能「審音知時」，也才能「求之音
律，知其世道」。音之「正變」，與詩格之高下亦有關係。謝榛說：「唐
人歌詩，如唱曲子，可以協絲簧，諧音節。晚唐格卑，聲調猶在。及
宋柳耆卿、周美成輩出，能為一代新聲，詩與詞為二物，是以宋詩不
入絃歌也。」（《四溟詩話》卷一）此論可以為唐音之「正變」作一註
腳。

　　元人楊士弘的「始音」，指初唐之詩，所謂「始音」指「正始之音」

──────────
6　《朱自清說詩》第164-165頁。

或「始正之音」，這是「唐音正變」的前奏。「正音」，主要指盛唐詩歌，又説「四唐」中都有「正音」，可見其分「正變」不完全以時段劃分，兼及詩體、詩人與詩作，這樣論唐音之「正變」還是比較全面和客觀的，它對高　的《唐詩品彙》有較直接的影響。

南宋末年的詞論，為了給詞爭得一個正統地位，有時也向「雅正」和「靡麗而不失〈國風〉之正」的所謂正路上靠攏。張炎（1248-1320）的《詞源》〈自序〉開頭便説：「古之樂章、樂府、樂歌、樂曲皆出於雅正。」又説：「詞欲雅而正。志之所之，一為情所役，則失其雅正之音。」（《詞源》〈雜論〉）這實際上是想把詞引上「發乎情，止乎禮義」的所謂正路。至於周密在《浩然齋雅談》（下卷）所説的這樣一段話：「張直夫（指張炎——引者）嘗為詞敘云：『靡麗不失為〈國風〉之正，閒雅不失為《騷》、〈雅〉之賦，摹擬《玉台》不失為齊梁之工，則情為性用，未聞為道之累」，不過是利用「正變」説為詞的地位作一些辯護罷了。

第七章

明代文論中的「正變」論

第一節　高棅《唐詩品彙》的「正變」論

　　論詩之「正變」，發展到明代，已基本上擺脫了《詩大序》「風雅正變」的侷限，向著更廣闊的道路上發展，其結出的第一大碩果，便是將「正變」用之於「辨體批評」。明代的文論家，賦予「正變」以新的內涵，比如明初高棅（1350-1423）的《唐詩品彙》，將入選的作家和作品分為九個「格」，其中之一即為「正變」。高棅在《唐詩品彙》〈凡例〉中說：

　　大略以初唐為正始，盛唐為正宗、大家、名家、羽翼，中唐為接武，晚唐為正變、餘響，方外異人等詩為旁流。間有一二成家特立，與時異者，則不以世次拘之。

　　這九種格，即「正始」、「正宗」、「大家」、「名家」、「羽翼」、「接武」、「正變」、「餘響」、「旁流」。「格」的含義，兼有體格、品格等意蘊，與風格不同。其中有三格，均與「正變」有關。高棅對各個格，均有說明和解釋。他以初唐為「正始」，所謂「正始」，是指歸正、反正的開始，也可以說是詩道復興的開始。《唐詩品彙》〈敘目〉說：「五言古詩源於漢，著於魏，至齊、梁則混濁衰落，大雅之言幾於不振」；「唐代勃興，文運丕溢」，「世南屬和，匡君以正；魏徵終篇，約君以禮」，辭皆「忠厚」；「劉氏庭芝古調，上官儀新體，雖未遏其微波，亦稍變乎流靡」；而「神龍以還，品格漸高，頗通遠調」，「薛少保之《郊陝篇》，張曲江公《感遇》等作，雅正沖淡，體合風騷，漫漫乎盛唐矣」。這實際上概括了初唐詩歌的發展，初唐詩歌，其始並未擺脫六朝詩風的影響。這是唐代詩歌繁榮的準備階段，太宗君臣曾明確提出改革浮靡詩風和合南北詩風之長的要求，再結合某些詩人的創作實踐看，雖舊的積習未完全消除，但的確透露出改革詩風的一點訊息。高棅說「神龍以還，品格漸高，頗通遠調」，是符合事實的，以此來看「正始」，其內涵就比較明確，就是復興的開始，繁榮的開始。「正始」雖為第一格，但並非最高格。因為在高棅心目中，代表唐詩最高成就的是盛唐詩歌。盛唐詩歌以詩人的成就高低，分為「正宗」、「大家」、「名家」、「羽翼」四格。「正宗」的第一個代表人物是初唐的陳子昂。《唐詩品彙》〈敘目〉說：「唐興，文章承陳隋之弊，子昂始變雅正，復然獨立，超邁時髦。」可見「正始」與「正宗」都與「雅正」有關。另外，「正宗」也與盛唐詩歌的氣象雄渾、格調高雅有關。在各種體裁中，唯一居於「正宗」地位的是李白，《唐詩品彙》〈敘目〉稱李白「氣象雄逸」。其他於某體中被列入「正宗」者，主要是王維、孟浩然、高適、岑參。《五言律詩敘目》贊中說：「孟襄陽興致清遠，王右丞詞意

雅秀，岑嘉州造語奇峻，高常侍骨格渾厚。」看來「正宗」與盛唐氣象的主調或主旋律有關。「大家」、「名家」、「羽翼」等名目，都是「正宗」的補充，格調不在「正宗」之下。除五絕、七絕無「大家」之外，其餘各體的「大家」僅杜甫一人，「大家」即所謂「集大成者」。「名家」的主要特點是「各鳴一善」。《五言古詩敘目》說：「夫詩莫盛於唐，莫備於盛唐。論者唯李、杜二家為尤，其間又可名家者十數公。」、「襄陽之清雅，右丞之精緻，儲光羲之真率，王江寧之聲俊，高達夫之氣骨，岑嘉州之奇逸」，都是「各鳴一善」，故稱「名家」。「羽翼」云者，或格調甚高，成就稍次，如五古中的崔顥；或「所作雖多，理趣甚異」，如絕句中的杜甫。由此看來，所謂「羽翼」，在某體中皆有美中不足。

中唐為「接武」是什麼意思呢？《唐詩品彙》〈敘目〉說：「天寶喪亂，光岳氣分，風概不全，文體始變。」大曆、貞元之間，「雖篇什諷詠不減盛時，然而近體頗繁，古聲漸遠」。說到七古時，又言七古「少可以繼述前諸家」，但「氣格猶有存者」。七律雖「篇什雖盛，而氣或不逮」。五律「作者尤多，氣亦少下」。由此可見，「接武」雖有繼軌前人之處，但達不到前人的成就，是由盛而衰的開始。

晚唐為「正變」和「餘響」。「正變」簡言之就是「正中有變」和「變中有正」，是既非「正宗」又尚未完全離開「正宗」，與「接武」有相似之處。高棅舉出的「正變」典型是韓愈和孟郊，韓愈「風骨頗逮建安，但新聲不類，此正中之變也」。孟郊「窮而有理，苦調淒涼，一發於胸中而無吝色，如古樂府等篇，諷詠久之，是有餘悲，此變中之正也」。又說張籍、王建樂府尚「慨然有古歌謠之遺風」，「抑亦唐世流風之變而得其正也」。由此可見，高棅的「正變」，強調的是保持「正宗」和優良傳統，他允許變，但要求「變中有正」、「變而得其正」，實

際上高棅所說的「正變」，已具有繼承正宗傳統和革新的統一。但骨子裡所主張的，是將「變」納入「正」的軌道，「正」與「變」並未居於同等地位，「變」只能是「正」的附庸，而且頗有「因變得衰」的味道。但在晚唐的詩歌中，「正變」的品格還算是較高的，比「餘響」要高一籌。「餘響」不過是「賈前人之餘勇」而已。晚唐的韓愈、孟郊、張籍、王建之後，「體制始散，正派不傳，人趨下學，古聲愈微」，「格力無足取焉」。但「餘響」尚有一點可取之處，「雖非《陽春白雪》」，「殆與《下里巴人》淫哇之聲則有間矣」，故僅成「餘響」。

　　《唐詩品彙》的寫作宗旨，正像該書的《總敘》所言，是「本乎始而達其終，審其變而歸於正」的，所以他的「正變」論，從消極方面說是為明代的復古思潮張本，從積極方面說是開了有明一代辨體批評的先河。

第二節　焦竑的以「變」為「正」

　　焦竑（1540-1620）的「正變」論，在明代頗具特色。他在《雅娛閣集序》中說：「古之稱詩者，率羈人怨士，不得志之人，以通其鬱結，而抒其不平，蓋《離騷》所從來矣。豈詩非在勢處顯之事，而常與窮愁困悴者直邪？⋯⋯吾觀尼父所刪，非無顯融膴厚者厝乎其間，而諷之令人低徊而不能去，必於變風、變雅歸焉，則詩道可知也。」（《澹園集》卷十五）《離騷》向來被認為是風雅之變，作者肯定《離騷》著眼於以其怨生，是「通其鬱結」、「抒其不平」之作。進而他認為詩歌可能不屬於勢要顯貴者之事，而屬於「窮愁困悴者」所有，並懷疑孔子刪詩，也刪去了一些顯貴者的詩歌，而諷詠起來令人低回而不能自已的，正是「變風」、「變雅」之作，這才是詩之正道。他提出「必

以變風、變雅歸焉」，一反傳統的伸正黜變，而把「變風」、「變雅」一類的詩歌，視為詩歌發展的主流，把「正變」顛倒了一下位置，以「變」為「正」。這對葉燮的《原詩》，亦有一定的影響。

第三節　許學夷《詩源辯體》的辨體批評與「源流正變」說

許學夷（1563-1633）的《詩源辯體》，初刻於萬曆壬子（1612），在此之前，前、後「七子」與公安派、竟陵派在「正變」問題上處於對立的兩極，前、後「七子」在總體的藝術取向上強調的是復古，所復之古為唐以前之古，即所謂「文必秦漢」、「詩必盛唐」（《明史》〈李夢陽傳〉）。他們把秦漢的文和漢魏、盛唐的詩作為一種楷模與正宗。李夢陽（1473-1530）說：「西京之後，作者勿論矣。」（《空同子》〈論學上〉）在詩歌上標榜盛唐，「自中唐而下，一切吐棄」（《空同子》〈論學上〉）。復古派在「正變」上大多是以古為「正」，以今為「變」，因此崇正抑變與貴古賤今一樣，成為必然的趨勢，他們雖然承認「文隨世變」，但又認為愈變愈衰，甚至一代不如一代，在這一點上，他們大多是文學退化論者。

但復古派不是不談「正變」，而是對「變」缺乏正確的認識，就拿李夢陽來說，他也論及過「正變」。他在《張生詩序》中以雁之鳴叫為喻，來說明「正變」與「時」的關係。同樣是雁，「聲唳唳而秋，雝雝而春，非時使之然耶？故聲時則易，情時則遷」。這就是說，雁鳴叫的時間變了，其聲情也就隨時而變，秋天的叫聲淒唳，春天的叫聲和悅歡快。接著他說：「常則正，遷則變；正則典，變則激；典則和，激則憤；故正之世，二〈南〉鏘於房中，〈雅〉、〈頌〉鏘於廟庭。而其變也，諷刺憂懼之音作，而來儀率舞之奏亡矣。」（《空同先生集》卷五

十）他把正常的狀態稱作「正」，時之遷稱為「變」。「正」是典則的，「變」則是激昂的，典則就有中和之美，激昂就有憤怒之情。所以在盛世，作為「正風」的〈周南〉、〈召南〉鏗鏘鳴於房中，〈雅〉、〈頌〉也鏗鏘鳴於廟堂，到了衰世，產生了「變風」、「變雅」，諷刺憂懼之音產生了，鳳凰來儀、百獸率舞的樂舞演奏就不復存在了。這雖然是就「風雅正變」而言，卻反映了他的崇正抑變的「正變」觀。主變者認為「正風」、「正雅」與「變風」、「變雅」在詩歌的價值觀上處於同等的地位，在李夢陽看來，「正風」、「正雅」顯然是高於「變風」、「變雅」的。

　　李夢陽與何景明（1483-1521）都是「前七子」的代表人物，世稱「李、何」，但他們在「正變」的看法上並不一致。李在創作上主模擬，何在創作上則主張復中有變、能變古，要求「推類極變」。何景明在《與李空同論詩書》中說：「今為詩不推類極變，開其未發，泯其擬議之跡，以成神聖之功，徒敘其已陳，修飾成文，稍離舊本，便自杌隉。如小兒倚物能行，獨趨顛仆。」（《何大復先生集》卷三十二）這是對李夢陽在創作上主模擬的諷刺與批判。他要求創作上要變古，要極盡一切變化，發前人所未發。所謂「泯其擬議之跡」，即消除模擬的痕跡，並要有所發展、成其變化。「擬議」一詞，出自《易》〈繫辭上〉：「擬之而後言，議之而後動，擬議以成其變化。」、「擬議」雖含比擬之義，然亦與「變化」有連繫。「稍離舊本，便自杌隉」，是諷刺復古模擬者，離開模擬對象，便寸步難行。「杌隉」即不安、困厄之義，對於創作來說，是不善變通的表現。我們舉以上兩例旨在說明，前、後「七子」雖同屬復古派，但對待「正變」態度有所不同。在「文體正變」與「詩體正變」上，他們大都尊古體、排近體，努力使各種文體「返古歸正」；但在創作論的「正變」上，有的人企圖取消「變」，在創作

上主張亦步亦趨地模擬古人，要求創作要像學習書法臨帖一樣地模擬古人，如李夢陽所說：「夫文與字一也，今人模臨古帖，即太似不嫌，反曰能書。何至獨於文，而欲自立一門戶也？」（《再與何氏書》）這樣的復古，還談不上以「復古求通變」，只能說是「以正廢變」。何景明在創作上要求在模擬的前提下「推類極變」，只能說給「變」留有一定的空間，主「正」而不廢「變」，仍然達不到「以復古求通變」的高度，不過是復中有變罷了。前、後「七子」雖主張不盡相同，其「正變」論的總體傾向，李、何可作代表。

　　與前、後「七子」相反，公安派的「三袁」，在創作論上極力強調「變」，他們的「變」實為求創新，因此本書下編「新變」範疇中將作論述，此從略。

　　許學夷的《詩源辯體》[1]，出現在前、後「七子」與公安派、竟陵派「正變」兩極對立之後，他在思想體繫上受到復古派一定的影響，但對公安派的主「變」說亦有所吸收，在這一點上他與前、後「七子」的復古派有所不同，對於這兩派的論爭，他基本上處於折中的地位，對前、後「七子」與公安派、竟陵派均有所批評，但在總體上又傾向於前、後「七子」。僅舉數例，以見一斑：

　　今人作詩，不欲取法古人，直欲自開堂奧，自立門戶，志誠遠矣。但於漢、魏、六朝、初、盛、中、晚唐，果能參得透徹，醞釀成家，為一代作者，孰為不可？否則，愈趨愈遠，茫無所得。如學書者，初不識鐘、王諸子面目，輒欲自成家法，終莫知所抵至矣。況自漢魏以至晚唐，其正者，堂奧固已備開；變者，門戶亦已盡立，即欲

1　本書凡《詩源辯體》的引文，皆據杜維沫校點本，人民文學出版社1998年。

自開一堂，自立一戶，有能出古文範圍乎？故與其同歸於變，不若同
歸於正耳。（卷三十四，二〇則）

　　從這裡可以看出，許氏在創作論上，與李夢陽的主張初無二致，
主張取法古人，反對自開堂奧、自立門戶，實際是反對「推類極變」，
把創作看作學書臨帖似的，雖談到「正」與「變」，但他認為古人的「正
變」，門戶堂奧已備，不必再立門戶，所以他的選擇是「與其同歸於
變，不若同歸於正」。在創作論上，他是崇「正」抑「變」的。

　　許氏雖對前、後「七子」時有批評，但更多回護，他把公安派的
創新視為「志尚奇僻，蓋欲悅一時之耳目」（卷三十四，二二則），認
為「李、何、七子終不能廢」（同上），指斥廢「七子」是「心勞而日
拙」。他多次指斥袁中郎：

　　袁中郎大譏國朝人取法古人，故其為詩態意奇詭，使繼中郎者更
為中郎，則亦為盜襲，若更為奇詭，則必舉世鬼魅而後已耳。且試以
理勢度之，千載而下果能廢獻吉（李夢陽）而崇中郎，則予不敢措一
喙矣。（卷三十四，二三則）

　　此處許氏斥袁中郎而為李夢陽的復古說張目，已有點強詞奪理，
而且話說得很絕對。又如：

　　先進後進，趨尚不同，大都皆由矯枉之過。成化以還，詩歌頗為
率易，獻吉、仲默（何景明）、昌穀（徐禎卿，前七子之一）矯之，為
杜，為唐，彬彬盛矣。下逮於鱗（李攀龍，後七子代表人物），古仿漢
魏，律法初唐，愈工愈精。……於是中郎繼起，態意相敵，凡稍微近

古者，靡不掊擊，海內翕然宗之，詩道至此為大厄也。（卷三十四，二九則）

袁中郎論詩。……其論《騷》〈雅〉之變，至於歐、蘇，無甚乖謬。至論國朝諸公，惡其法古。……故一入正格，即為詆斥；稍就偏奇，無不稱賞。於吳中極貶昌穀、元美（王世貞），而進吳文定、王文恪、沈石田、唐伯虎諸人，以是壓服千古，難矣。予嘗謂：漢、魏、唐人，自創立則長，仿古人則短；國朝人，仿古人則長，自創立則短。（卷三十五，五三則）

《詩源辯體》詆斥袁中郎者不下十幾處，罵袁論詩「背戾」，「詩道罪人，當以中郎為首」（卷三十五）。可見在創作論上，許學夷基本上與前、後「七子」一鼻孔出氣，在明代「正」與「變」的兩極對立中，他與執「正」排「變」的復古派相近。他的某種說法，有時存在矛盾，如說漢、魏、唐人可以自創立，明朝人只宜仿古人，不宜自創立，這是沒有多少道理的，不過是為前、後「七子」的模擬說曲意回護罷了。但前、後「七子」的詩論，經過唐宋派的批駁，特別是經過公安派的猛然衝擊，公安派反模擬、主變新的理論，許學夷在《詩源辯體》中還是有所吸收的，否則，他就不會把「變」視為是合理的，普遍存在的。在創作論的「正變」上，他的看法極為保守，但在「詩體正變」上，他的確有不少正確的看法，對歷代詩歌的「變」，他把握得比較準確。像許學夷這樣系統地論「正變」，在此前的著作中是沒有的。

明代的辨體批評，許學夷的《詩源辯體》是代表作，也是集大成者，故我們列為專節而詳論之。

　　《詩源辯體》其《自序》中言：「詩有源流，體有正變」。卷首說：

　　詩自《三百篇》以迄於唐，其源流可尋而正變可考也。學者審其源流，識其正變，始可與言詩矣。古今說詩者無慮數百家，然實悟者少，疑似者多。鍾嶸述源流而恆謬，高棅序正變而屢淆，予甚惑焉。於是《三百篇》而下，博訪古今作者，凡若干人，詩凡數千卷，搜閱探討歷四十年。統而論之，以《三百篇》為源，漢魏六朝、唐人為流，至元和而其派各出。析而論之，古詩以漢魏為正，太康、元嘉、永明為變，至梁陳而古詩盡亡；律詩以初、盛唐為正，大曆、元和、開成為變，至唐末而律詩盡敝。（卷一）

　　這段話可以視為《詩源辯體》的綱領。全書言及「正變」者，不下數百處，這是此前的著作不曾見到的，可謂論「正變」之淵藪。他用「正變」這一範疇，對歷代詩歌的發展變化、源流演變、成敗得失、體制風貌等進行審美的觀照，建立起自己的詩學體系。許學夷論詩既「重正」，又「主變」，對數十家詩論者，凡不識「正變」者，都遭到他的批評與指責。他的辨體十分精細，其所取得的成就，實得力於識「正變」。他把審「源流」、識「正變」看得高於一切，認為不懂得這兩點則不可以言詩。實際上「源流」與「正變」又有密切不可分的關係，以源為「正宗」，則流為「變」。他論詩，將《三百篇》作為源。

　　《三百篇》有六義，曰風、雅、頌、賦、比、興。風、雅、頌為三經，賦、比、興為三緯。風者，王畿列國之詩，美刺風化者也。雅頌者，朝廷宗廟之詩，推原王業、形容盛德者也。故〈風〉則比興為多，〈雅〉、〈頌〉則賦體為眾；〈風〉則微婉而自然，〈雅〉、〈頌〉則齋莊

而嚴密；〈風〉則專發乎性情，而〈雅〉、〈頌〉則兼主乎義理：此詩之源也。（卷一，一則）

　　以當代的文藝思想來看，社會生活是文藝的唯一源泉，古代的作品是流而不是源，但古代的文論家還不可能有這樣科學的認識，把《詩經》作為我國詩歌的「源」，是古代文論家的共識，我們不必在這一點上苛求他們，我們可以將「源」，當作文學發展的「源頭」來看。

　　許學夷的「正變」論，淵源於《詩大序》的「風雅正變」說。《詩源辯體》卷一說：

　　〈周南〉、〈召南〉，文王之化行，而詩人美之，故為正風。自〈邶〉以下，國之治亂不同，而詩人刺之，故為變風。是〈風〉雖有正變，而性情則無不正也。孔子曰：「《詩三百》，一言以蔽之，曰：思無邪。」言皆出乎性情之正耳。（卷一，二則）

　　〈小雅〉、〈大雅〉之辯，前賢既詳論之矣。概以二雅正變之體言之，正雅坦蕩整秩，而語皆顯明；變雅迂迴參錯，而語多深奧。是固治亂之不同，抑亦文運之一變也。（卷一，五一則）

　　變風、變雅，雖並主諷刺，而詞有不同。變雅自宣王之詩而外，懇切者十之九，微婉者十之一。變風則語語微婉矣。（卷一，六二則）

　　這與《詩大序》、《毛詩正義》之說是一脈相承的，但許氏在辨析「變風」、「變雅」與「正風」、「正雅」詞旨不同方面，稍見新義。另外認為「正風」、「變風」、「皆出乎性情之正」，這是許氏以此自矜的

創見。他曾說：

予作《辯體》，自謂有功於詩道者六：論《三百篇》以至晚唐，而先述其源流，序其正變，一也；論〈周南〉、〈召南〉以至邶鄘諸國，而謂其皆出乎性情之正，二也；論漢魏五古，而先其體制，三也；論初、盛唐古詩，而辨其純雜，四也；論漢魏五言，而無造詣深淺之階，五也；論初、盛唐律詩，而有正宗、入聖之分，六也。知我者在此，而罪我者亦在此也。（卷三十四，四則）

這六個方面，許氏自認為是他的創見，不僅第一、二條是直接論述「正變」的，其他許多條，也均與「正變」有關。

《詩源辯體》以《三百篇》為源，那麼何者為流呢？其卷二說：

嚴滄浪云：「〈風〉、〈雅〉、〈頌〉既亡，一變而為《離騷》，再變而為西漢五言。」愚按：《三百篇》正流而為漢魏諸詩，別出而乃為《騷》耳。（卷二，一則）

許氏的審「源流」是從這裡開始的。他認為《詩經》的源頭，分流為二，正流為漢魏古詩，別出乃《騷》（楚辭）。他進而具體地運用「正變」論分析《詩經》與漢魏古詩的關係說：

《三百篇》，始流而為漢魏。〈國風〉流而為漢《十九首》、蘇李、魏三祖、七子之五言。〈雅〉流而為漢韋孟、韋玄成、魏曹植、王粲之四言。〈頌〉流而為漢《安世房中》、武帝《郊祀》、魏王粲《太廟頌》、《俞兒舞》之雜言。然五言於〈風〉為近，而四言於〈雅〉漸遠，雜言

於〈頌〉則愈失之。（卷三，一則）

　　對於漢魏的五言詩，許氏運用「正變」的審美觀照，又分為兩種情況：「漢魏五言，本乎情興，故其體委婉而語悠圓，有天成之妙，五言古，唯是為正。詳而論之，魏人漸見作用，而漸入於變矣。」所謂「作用」，指用功的痕跡，有失「天成之妙」，所以漢魏五言古詩，亦有「正」、「變」之不同，漢五言為「正」，魏五言為「變」。

　　為什麼說《楚辭》是《詩經》的「別出」之流呢？許氏引朱熹和祝君澤的話作了具體的說明：

　　朱子云：「《詩》有六義，楚人之詞，亦以是而求之。其寓情草木，托意男女，以極遊觀之適者，變風之流也。其敘事陳情，感今懷古，不忘君臣之義者，變雅之類也。其語事神、歌舞之盛，則幾乎〈頌〉矣。賦則如《騷經》首章之云也，比則香草惡物之類也，興則托物興詞、初不取義，如《九歌》沅芷澧蘭以興思公子而未敢言之屬也。然《詩》之興多而比賦少，《騷》則興少而比賦多，要必辨此而後詞義可尋。」祝君澤云：「騷人之賦予詩人之賦雖異，然猶有古詩之義，辭雖麗而義可則。詩人所賦，因以吟詠情性也，騷人所賦，亦以其發乎情也。其情不自知而形於辭，其辭不自知而合於理。情形於辭，故麗而可觀；辭合於理，故則而可法。」愚按：詩騷之變，斯並得之。（卷二，二則）

　　楚辭與《詩經》的同異，許氏此處論之甚詳，明乎此，就可知為什麼許氏認為《騷》乃《詩經》之「別出」了。
　　許氏認為漢魏五言古詩為正，太康、元嘉、永明為變，這是統而

論之。析而論之，他詳細論述了五言古詩的八變：

建安詩歌，乃五言之初變：

漢魏五言，滄浪（嚴羽）見其同而不見其異，元瑞（胡應麟）見其異而不見其同。愚按：魏之於漢，同者十之三，異者十之七。同者為正，而異者始變矣。漢魏同者，情興所至，以不意得之，故其體皆委婉，而語皆悠圓，有天成之妙。魏人異者，情興未至，始著意為之，故其體多敷敘，而語多構結，漸見作用之跡。……此漢人潛流而為建安，乃五言之初變也。……魏人雖見作用，實有渾成之氣，雖變猶正也。（卷四，一則）

太康詩歌，為五言之再變：

建安五言，再流而為太康。然建安體雖漸入敷敘，語雖漸入構結，猶有渾成之氣。至陸士衡諸公，則風氣始漓，其習漸移，故其體漸俳偶，語漸雕刻，而古體遂亡矣。此五言之再變也。（卷五，一則）

元嘉詩歌，為五言之三變：

太康五言，再流而為元嘉。然太康體雖漸入俳偶，語雖漸入雕刻，其古體猶有存者；至謝靈運諸公，則風氣益漓，其習盡移，故其體盡俳偶，語盡雕刻，而古體遂亡矣。此五言之三變也。劉勰云：「宋初文詠，儷采百字之偶，爭價一句之奇，情必極貌以寫物，辭必窮力而造（當為追）新，此近世之所競。」是也。《南史》載：「靈運車服鮮麗，衣物多改舊形制，世共宗之。」其畔古趨變類如此。（卷七，一

則）

　　齊永明體詩歌，為五言之四變：

　　《南史》載：「永明中，王融、謝朓、沈約，始用四聲，以為新變。」愚按：元嘉五言，再流而為永明，然元嘉體雖盡入俳偶，語雖盡入雕刻，其聲韻猶古，至玄暉、休文則風氣始衰，其習漸卑，故其聲漸入律，語漸綺靡，而古聲漸亡矣。此五言之四變也。（卷八，四則）

　　梁代詩歌，為五言詩之五變：

　　永明五言，再流而為梁簡文及庾肩吾諸子。然永明聲雖漸入於律，語雖漸入綺靡，其古聲猶有存者；至梁簡文及庾肩吾之屬，則風氣益衰，其習愈卑，故其聲盡入律，語盡綺靡而古聲盡亡矣。此五言之五變也。（卷九，一一則）

　　以上五言詩之五變，皆是愈變離古愈遠，是「變」而漸失其「正」，是因變而衰。有些還談不上「正變」，合乎「正變」者，僅有少數幾人。如說：「玄暉、休文五言，雖自漢魏遠降，而一源流出，實為正變。文通（江淹）五言《擬古三十首》，多近古人。」（卷八，三則）「徐庾五言，語雖綺靡，然亦間有雅正者。」（卷十，三則）

　　許氏視初唐五言古詩，為五言之六變、七變，對初唐五古，他認為是「風氣復還」的開始，稍見唐音，從此開始進入「因變而盛」的階段。他說：

　　五言自漢魏流至陳隋，日益趨下，至武德、貞觀，尚沿其流，永徽以後，王、楊、盧、駱，則承其流而漸進矣。四子才力既大，風氣復還，故雖律體未成，綺靡未革，而中多雄偉之語，唐人之氣象風格始見，此五言之六變也。（卷十二，二則）

　　五言自王、楊、盧、駱，又進而為沈、宋二公，沈、宋才力既大，造詣始純，故其體盡整栗，語多雄麗，而氣象風格大備，為律詩正宗。此五言之七變也。（卷十三，六則）

　　許氏論詩，是推崇漢魏古詩與盛唐詩歌的，詩運變至盛唐，他認為已進入高峰，評價漸高，以至到了無以復加的程度，「正宗」已不足以表現盛唐詩歌的成就，許氏又別創一格，曰「入聖」，且「入聖」之上，又有一格，曰「入神」，「入神」非許氏所創，而是來自嚴羽的《滄浪詩話》，「入聖」、「入神」可以看作是高出「正宗」、「正體」之上的兩個「變格」。

　　初唐沈、宋二公古律之詩，再進而為開元天寶間高、岑、王、孟諸公。高、岑才力既大，而造詣實高，興趣實遠。故其五七言古，調多就純，語皆就暢，而氣象風格始備，為唐人古詩正宗。七言，乃其八變也。五七言律，體多渾圓，語多活潑，而氣象風格自在，多入於聖也。（卷十五，二則）

　　盛唐詩人，某一體達到「入聖」境界的亦不在少數。如評李頎「七言古在達夫（高適）之亞，亦是唐人正宗。五七言律多入於聖也」（卷十七）。「盛唐五言律，多融化無跡而入於聖」（卷十七）。崔顥「律詩

五言如『征馬去翩翩』、『聞君為漢將』，七言如『高山代郡』、『昔人已乘』，皆入於聖也」（卷十七）。王昌齡「七言絕多入於聖」（卷十七）。到了盛唐的李白、杜甫的時代，詩歌發展又進入一個新境界，即由「入聖」達到「入神」的境界：

　　開元天寶間，高、岑二公五七言古，再進而為李、杜二公。李、杜才力甚大，而造詣極高，意興極遠，故其五七言古，體多變化，語多奇偉，而氣象風格大備，多入於神矣。嚴滄浪云：「詩而入神，至矣，盡矣，蔑以加矣！唯李、杜得之，他人得之蓋寡也。」然詳而論之，二公五言古，實所向如意，而優於聖；七言古，則變化不測，而入於神矣。此格有所限，非五言有未至也。（卷十八，一則）

　　「入神」的作品，與「正變」又有什麼關係呢？許氏認為：「五言古，七言歌行，其源流不同，境界亦異。五言古源於〈國風〉，其體貴正；七言歌行本乎《離騷》，其體尚奇。李杜五言古雖不能如漢魏之深婉，然不失為唐體之正，過此則變幻百出，流為元和、宋人，不得為正體矣。」（卷十八）李杜的五言、七言古詩（包括歌行體）是被許氏推崇為「入神」之作，而五言「其體貴正」，七言歌行「其體尚奇」，其中「貴正」的五言古，許氏認為「不失為唐體之正」，而七言歌行未明確為「正體」。可見「入神」之作必須為「正體」，許氏心目中是非常重「正」的，「入聖」、「入神」之作，是「正體」的極致，與「正變」亦有密切的關係。

　　許氏論五、七言詩的變化，有所謂「八變」之說，前所引皆五言詩之「變」，七言詩之「變」大體與五言同步，本文略而未引，這「七變」、「八變」之中，有「正變」，有「非正變」。他認為「正變」終止

於中唐的錢起、劉長卿：

　　開元天寶間，高、岑、王、孟古、律之詩，始流而為大曆錢、劉
諸子。錢、劉才力既薄，風氣復散，故其五七言古氣象風格頓衰，然
自是正變：（原註：正變之說見晚唐總論。五七言古正變止此。權德
輿、李益，正而非變，元和開成諸子，變而非正。）五七言律造詣興趣
所到，化機自在，然體盡流暢，語半清空，而氣象風格亦衰矣，亦正
變也。（卷二十，一則）

　　高棅《唐詩品彙》所言之「正變」，用他自己的話解釋，是「正中
有變」、「變中有正」。許學夷的「正變」，雖無明確的解釋，其含義大
體與高棅相似。「正變」的品格，在許氏的詩歌審美觀照中，究竟居於
何種地位，我們可從以下一則問答中略見端倪：

　　或問：「沈、宋五七言律，化機尚淺，而以為正宗；錢、劉諸子，
化機自在，而以為正變，何也？」曰：「唐人之詩，以氣象風格為本，
根本不厚，則枝葉雖榮而弗王耳。斯足以知大曆矣。」（卷二十，一一
則）

　　從這段問答中可以得出兩點結論：其一，「正宗」的品格高於「正
變」。其二，區分「正宗」與「正變」，不在於「化機」的深淺，而在
於氣象風格如何。「化機」，猶「化工」，指自然形成的工巧，許氏推崇
漢魏古詩的「天然妙成」，即與「化機」意近。
　　許學夷論唐詩，推尊盛唐，故盛唐詩人除了「入聖」、「入神」者
外，在某一體裁的詩歌中居於「正宗」地位的頗多。如他說：「高、

岑、王、孟諸公，……為唐人古詩正宗。」（卷十五，二則）「唐人五七言古，高、岑為正宗。然析而論之，高五言未得為正宗，七言乃為正宗。岑五言為正宗，七言始能自騁矣。」（卷十五，三則）「李頎五言古……亦是唐人正宗；五七言律多入於聖也。」（卷十七，一則）「盛唐七言歌行，李、杜而下，惟高、岑、李頎得為正宗，王維、崔顥抑又次之。」（卷十七，二五則）「唐人律詩，沈、宋為正宗，至盛唐諸公，則融化無跡而入於聖。」（卷十七，二九則）

對於中、晚唐的詩人，幾乎不見能稱「正宗」者，除稱「正變」者外，又有所謂「大變」與「小變」。《詩源辯體》中涉及「大變」與「小變」者，略引數條如下：

太白歌行，雖大小短長，錯綜無定，然自是正中之奇。元和諸公，雖或通篇七言，而快心露骨，自是大變。學者於此能別，方是法眼。（卷十八，三二則）

或問予：「子嘗言元和諸公之詩，快心露骨，故為大變。今觀李、杜五言古、七言歌行，實多快心，與元和諸公寧有異乎？」曰：「太白快心，本乎豪放；子美快心，本乎沉著，自是詩歌極致。若元和諸公，則鑿空構撰，議論周悉，其快心處往往以文為詩，方之李杜，其正與變不待較而明矣。（卷十八，一八則）

王元美（王世貞）云：「太白之七言律變體，不足多法。」愚按：太白七言律，集中僅得八篇，駘蕩自然，不假雕飾，雖入小變，要亦非淺才可到也。（卷十八，四二則）

子美五言律，沉雄渾厚者是其本體，而高亮者次之，他若「胡馬大宛名」……「亦知戍不返」等篇，氣格遒緊而語復矯健，雖若小變，然自非大手不能。（卷十九，一八則）

大曆以後，五七言律流於委靡，元和諸公群起而力振之，賈島、王建、樂天創作新奇，遂為大變，而張籍亦入小偏，惟子厚（柳宗元）上承大曆，下接開成，乃是正對階級。然子厚才力雖大，而造詣未深，興趣亦寡（止就律詩言），故其五言長律及七言律對多湊合，語多妝構，始漸見斧鑿痕，而化機遂亡矣，要亦正變也。（卷二十三，二二則）

大曆以後，五七言古、律之詩，流於委靡。元和間，韓愈、孟郊、賈島、李賀、盧仝、劉義（當作叉）、張籍、王建、白居易、元稹諸公群起而力振之，惡同喜異，其派各出，而唐人古、律之詩至此為大變矣。亦猶異端曲學，必起於衰世也。（卷二十四，一則）

元和諸公所長，正在於變。或欲於元和諸公錄其正而遺其變，此在選詩則可，辯體，終不識諸家面目矣。（卷二十四，六則）

韓、白五言長篇雖成大變，而縱恣自如，各極其至；張、王樂府七言雖在正變之間，而實未盡佳。選者於韓、白五言長篇不錄而多采張、王樂府，蓋元和主變，而選者貴正也。（卷二十七，三則）

白樂天五言古，其源出於淵明，但以其才大而限於時，故終成大變；其敘事詳明，言論痛快，此皆以文為詩，實開宋人之門戶耳。（卷

二十八，一則）

　　《詩源辯體》論及「正變」、「變」、「小變」、「大變」者不勝枚舉，此外尚有「小偏」、「變怪」等。他所謂的「正」，大體相當今天所說的繼承因素，所謂「變」（包括「小變」、「大變」、「變怪」等），大體相當於「革新」的因素，他能公開地承認「變」，給予「變」以廣闊的空間，承認「變」在詩歌發展中所起的作用，不僅漢魏以後存在「變」，六朝存在「變」，唐代的初、盛、中、晚也存在「變」，唐以後仍然存在「變」，「變」在他的詩學體系中，已成為一種普遍的形式，「正變」已成為各個時代詩歌的特點。他認為，出自同一「源」的，便是「正變」；不同源的，在體式風格氣象等方面有巨大革新的便是「大變」。他論「大變」比較集中在元和時代，可以說其眼光是敏銳的，問題抓得也比較準確，以議論為詩，以文為詩，的確始於元和時代，在韓愈等人身上表現得比較明顯，並對宋詩有很大的影響。元和時代的詩人白居易對此也有所認識，白居易曾說：「制從長慶辭高古，詩到元和體變新。」（《余思未盡戲為六韻重寄微之》，《全唐詩》卷四四六）「體」即風格，元和詩是風格大變的時代，許學夷已經看出，像白居易的《長恨歌》、《琵琶行》及新樂府詩，已屬變體，但尚有「唐人旁調」，至「『一日日』，『一年年』及『達哉樂天行』，則全是宋人聲口，始為大變矣。」（卷二十八，十二則）這說明許氏對中唐詩歌風格的變化是敏感的。《詩源辯體》的成就，主要就表現在他對「變」的看法中。對於「因變得衰」和「因變而盛」的現象，他均注意到了，可貴的是，他沒有因為「因變得衰」的現象而因噎廢食，沒有否定「變」，因為「變」有時有「起衰」的作用。沒有初唐詩人的「變」，也就沒有盛唐詩歌的繁榮。閱讀《詩源辯體》，讓人隱隱約約地感到，「變」是絕對的、普

遍的，不變則不可「自立門戶」，不「變」不足以成家，「變」是合理的，是符合詩歌的發展規律的，一代有一代的「變」。他的這種結論，不是憑空想像的，而是從對大量作品的「辯體」中發現的，這是許氏「正變」論在中國古典詩學中結出的一個碩果。

許學夷運用「正變」對詩歌進行審美觀照時，主要著眼於「氣象風格」，但他兼顧的方面很多，體制、聲韻、法度、格調、氣力等，都是他的觀察點，其視野較為廣闊。他很重視「調純語暢」，認為調不純、語不暢則不能成為「正宗」。他並且認為「變」需要一定的「才力」，才力不足，不能「濟變」，便不足以成家。如評儲光羲的《樵父》、《漁父》等作，說它們「格調雖奇，然既不合古，又不成家，正變兩失」。值得注意的一點是，許氏論「正變」，其「正」與「變」的內容，是隨著不同的時代，詩歌的不同的體裁而變化的，五言古詩有五言古詩的「正」與「變」，近體詩有近體的「正」與「變」。他所標榜的「正」，並非是千古不變之「正」，古詩以漢魏為「正」，律、絕則為唐代為「正」（或稱正宗）。對作家來說，「大家」、「名家」在某一體詩歌中，皆可獲得「正宗」的稱號，他的「正」可以說具有某些流動性，而不是一成不變的、僵死的、凝固的，如此論「正變」，才能洞察詩歌的發展變化，才符合詩歌發展變化的實際。可見，許氏沒有將詩的發展看得太死。

許氏是以識「正變」自居的，他的詩學成就與此密切相關。他並且批評了許多不識「正變」的詩論家。茲略舉數例如下：

王荊公次第四家詩，以子美為第一，歐陽永叔次之，韓退之又次之，以太白為下，曰：「白識見污下，十首九說婦人與酒。」愚按：以李杜與韓歐並言，固不識正變之體；謂李「識見污下，十首九說婦人

與酒」，此尤俗儒之見耳。（卷十八，四七則）

　　詩先定其正變，而後論其淺深。否則愈深愈僻，必有入於怪惡者。許渾五、七言律，情致雖淺，而造語實工，譬之庖制，則五味多而真味少。杜牧七言律，用意雖淺，而造語實僻，譬之惡品異類，食之則蜇口中顙，不能下嚥，反謂之美味可乎？楊用修深貶許渾，而謂「晚唐律詩，義山以下唯牧之為最」，其說本於宋人，此不識正變而徒論深淺也。（卷三十，一一則）

　　宋朝諸公非無才力，而終不免於元和、西崑之流，蓋徒取快意一時而不識正變之體故也。（卷三十四，一四則）

　　傅與礪《詩法正論》，……其言「唐人以詩為詩，主達情性，於《三百篇》為近；宋人以文為詩，主立議論，於《三百篇》為遠」，甚當。又言「達情性者，〈國風〉之餘，立議論者，〈雅〉、〈頌〉之變，未易優劣」，則正變不分，烏在其為正論乎！（卷三十五，二九則）

　　楊用修《譚苑醍醐》，考證多而品騭少，大抵宗六朝，尚西崑，而昧於正變。（卷三十五，三九則）

　　高廷禮（指高　）《唐詩品彙》，謂唐宋以來選唐詩者「立意造論，各該一端」，僅取楊伯謙《唐音》而復有所詆，故其選較諸家為獨勝。至其所分，有正始，正宗，大家、名家、羽翼、接武、正變，餘響之目，似若有見，而實多未當。如初唐五言古，以太宗、虞、魏、王、楊、盧、駱、沈、宋諸公為正始，既已大謬；而五言律、排律，復以

太宗、虞世南諸公及陳、杜、沈、宋為正始，則又無別；至五七言古，以太白為正宗、子美為大家，既淺之乎知李，而以韓退之、孟東野、李長吉、王建、張籍為正變，是亦豈識正變耶？且於元和以後，多失所長，又未可名「品彙」也。（卷三十六，二五則）

　　許氏對王安石、傅與礪、楊慎、高棅等人的批評，雖未必都是正確的，但他在「正變」的辨析上，確實是超過前賢的，並認為他們的失足點在於「不識正變」。許氏論詩，十分強調「正變」。「先定正變」，然後論其深淺、工拙，是他的基本主張，在這裡「正變」已成為他的論詩標准。這一類基本上可歸之於批評論之「正變」。

第四節　明代的「文體正變」説

　　明代論「正變」的，還有一個門類，是論「文體正變」的，吳訥（1370？-1456）的《文章辨體》和徐師曾（1517-1580）的《文體明辨》可作為代表。明天順八年（1464）彭時《文章辨體序》云：

　　至宋西山真先生（指真德秀）集為《文章正宗》，其目凡四：曰辭命，曰議論，曰敘事，曰詩賦。天下之文，誠無出此四者，可謂備且精矣；然眾體互出，學者卒難考見，豈非精之中猶有未精者耶？海虞吳先生有見於此，謂文辭宜以體製為先，因錄古今之文入正體者，始於古歌謠辭，終於祭文，釐為五十卷；其有變體若四六、律詩、詞曲者，別為《外集》五卷附於後：名曰《文章辨體》。辨體云者，每體自為一類，每類各著序題，原製作之意而辨析精確，一本於先儒成説，

使數千載文體之正變高下，一覽可以具見，是蓋有以備《正宗》之所
未備而益加精焉者也。[2]

　　據此可知，此書的寫作宗旨，是辨別每種文體的「正變」，比《文
章正宗》更精細一些。但在具體論文體之「正變」時，又多引先儒成
說，吳訥自己的見解反而很少。比如在論古賦的「正變」時，主要引
錄的是祝堯《古賦辨體》的看法，如論楚國古賦時說：

　　楚，國名。祝氏（祝堯）曰：「按屈原為《騷》時，江漢皆楚地。
蓋自王化行乎南國，《漢廣》、《江有汜》諸詩已列於二〈南〉、十五〈國
風〉之先。風雅既變，而楚狂《鳳兮》、滄浪《孺子之歌》，莫不發乎
情，止乎禮義，猶有詩人之六義；但稍變詩之本體，以『兮』字為讀，
遂為楚聲之萌蘖也。原（屈原）最後出，本《詩》之義以為《騷》，但
世號《楚辭》，不正名曰賦。然自漢以來，賦家體制，大抵皆祖於是
焉。」

　　又按晦庵（朱熹）先生曰：「凡其寓情草木、托意男女、以極遊觀
之適者，變〈風〉之流也；敘事陳情、感今懷古、不忘君臣之義者，
變〈雅〉之類也；其語祀神歌舞之盛，則幾乎〈頌〉矣。至其為賦，
則如《騷經》首章之云；比，則如香草惡物之類；興，則托物興詞，
初不取義，如《九歌》沅芷澧蘭以興思公子而未敢言之屬也。然詩之
興多而比賦少，《騷》則興少而比賦多。賦者要當辨此，而後辭義不失

2　《文章辨體序說》、《文體明辨序說》合刊本，人民文學出版社1998年版，第7頁。

古詩之六義矣。」[3]

　　其他論述皆類此，吳氏自出機杼者較少。其後，又有徐師曾的《文體明辨》。此書成於明隆慶四年（1570），作者《自序》寫於萬曆元年（1573）。大體以「《文章辨體》為主而損益之」。所論文體由五十種增益為一百有一種。有人認為「文本無體，亦無正變古今之異」，徐氏不同意這種看法。他説：「至如以敘事為議論者，乃議論之變；以議論為敘事者，乃敘事之變，謂無正變不可也。」（《文體明辨序》）徐師曾所以著《文體明辨》，一則因前人文體分得不細，二則因正變混淆，即所謂「或合兩類而為一，或混正變而未分。」（《文體明辨序》）

　　徐氏論文體的「正變」，有崇正抑變的傾向，受明代前、後「七子」復古派的影響較明顯。今舉二例，以見一斑：

　　古詩三百五篇，大率以四言成篇。……是詩以四言為主也。……迨漢韋孟始制長篇，而古詩之體稍變矣。故今采漢、魏以來四言諸詩，分為正、變二體而列之，使學者有考焉。至論其正體，則梁劉勰所謂「以雅潤為本」者是也。[4]

　　《詩經》以四言為主，為「正體」是毫無問題的，漢代韋孟的四言詩，稍變《詩經》四言之體，他認為漢魏以來的四言詩有「正體」也有「變體」。他區分「正變」的標準，是依據劉勰《文心雕龍》〈明詩〉篇所言：「夫四言正體，以雅潤為本。」這説明徐氏之分「正變」，並

3　《文章辨體序説》、《文體明辨序説》合刊本，第20頁。

4　《文章辨體序説》、《文體明辨序説》合刊本，第99頁。

非完全以時代先後著眼，而是著眼於風格的典雅溫潤，也含有審美的因素。

　　徐氏在論賦的「正變」時，首先從賦的本意出發，強調賦一要「吟詠性情」，二要「用以為諷」。他首先推重的是「詩人之賦」，而其特點是「情形於辭，則麗而可觀；辭合於理，則則而可法。使讀之者有興起之妙趣，有詠歌之遺音。揚雄所謂『詩人之賦麗以則』者是已。——此賦之本意也。」[5]在論春秋之後的賦時，他說：

　　春秋之後，聘問詠歌不行於列國，學詩之士逸在布衣，而賢士失志之賦作矣，即前所列《楚辭》是也。揚雄所謂「詞人之賦麗以淫」者，正指此也。然至今而觀，《楚辭》亦發乎情，而用以為諷，實兼六義而時出之，辭雖太麗，而義尚可則，故朱子（指朱熹）不敢直以詞人之賦目之，而雄之言如此，則已過矣。趙之荀況，遊宦於楚，考其時在屈原之前，所作五賦，工巧深刻，純用隱語，若今人之揣謎，於詩六義，不啻天壤，君子蓋無取焉。[6]

　　看來他是以詩之「六義」為標準來衡量賦。「變風」、「變雅」都是「發乎情，止乎禮義」的。「風」，含諷義，所以徐氏以「吟詠性情」和諷喻兩條為賦之正宗。《楚辭》雖「太麗」，尚合此兩條標準；荀子之賦，實為詠物之作，因不符合以上兩條標準，所以評價極低，雖然以「賦」名篇始於荀子。這又一次說明徐氏論文體之「正變」不以時代先後為立足點。再看他對兩漢以後賦體變化的論述：「兩漢以下，作

5　　《文章辨體序說》、《文體明辨序說》合刊本，第100頁。

6　　《文章辨體序說》、《文體明辨序說》合刊本，第101頁。

者繼起，獨賈生（名誼）以命世之才，俯就騷律，非一時諸人所及。他如相如（姓司馬）長於敘事，而或昧於情；揚雄長於說理，而或略於辭。至於班固，辭理俱失。若是者何？凡以不發乎情耳。然《上林》、《甘泉》，極其鋪張，而終歸於諷諫，而風之義未泯；《兩都》等賦，極其炫耀，終折於法度，而雅頌之義未泯；《長門》、《自悼》等賦，緣情發義，托物興詞，咸有和平從容之意，而比興之義未泯。故雖詞人之賦，而君子猶有取焉，以其為古賦之流也。」[7]可見凡是「不發乎情」的賦作，不管是「長於敘事」或「長於說理」，都遭到徐氏的貶斥，凡是「雅頌之義」、「風（諷）之義」、「比興之義」未泯者，都多少受到肯定，認為它們有可取之處，可以稱作古賦的流亞或流變。再看他對六朝與唐宋的賦是如何評價的：

　　三國、兩晉以及六朝，再變而為俳，唐人又再變而為律，宋人又再變而為文。夫俳賦尚辭，而失於情，故讀之者無興起之妙趣，不可以言則矣。文賦尚理，而失於辭，故讀之者無詠歌之遺音，不可以言麗矣。至於律賦，其變愈下，始於沈約「四聲八病」之拘，中於徐（名陵）庾（名信）「隔句作對」之陋，終於隋唐宋「取士限韻」之制，但以音律諧協對偶精切為工，而情與辭皆置弗論。嗚呼，極矣！數代之習，乃令元人洗之，豈不痛哉！[8]

　　這種愈變愈下的論調，與前、後「七子」的文學退化論有相似之處。但他指出古賦一變而為俳賦（又稱駢賦、四六文），再變而為律

7　《文章辯體序說》、《文體明辨序說》合刊本，第101頁。

8　《文章辨體序說》、《文體明辨序說》合刊本，第101頁。

賦，再變而為文賦，又指出俳賦、律賦、文賦的通病，尚有可取之處，近代學者研究賦史，對賦的發展階段的劃分和名稱，還是借鑑了徐氏之說的。徐氏對賦之「正體」有一段具體的描述：

　　然則學古者奈何？曰：發乎情止乎禮義。其賦古也，則於古有懷；其賦今也，則於今有感；其賦事也，則於事有觸；其賦物也，則於物有況。以樂而賦，則讀者躍然而喜；以怨而賦，則讀者愀然以籲；以怒而賦，則令人欲按劍而起；以哀而賦，則令人欲掩袂而泣。動盪乎天機，感發乎人心，而兼出於六義，然後得賦之正體，合賦之本義。[9]

　　看來徐氏對「正體」的要求相當高，兼及思想藝術與感人之藝術效果，這種「正體」，體現了徐氏對賦的總體審美要求。比起「以雅潤為本」的四言正體，其美學內涵要豐富得多。
　　另外，值得一提的是徐氏將詞分成婉約與豪放兩種風格，「婉約者欲其辭情醞藉，豪放者欲其氣象恢弘，蓋雖各因其質，而詞貴感人，要當以婉約為正。否則雖極精工，終乖本色，非有識者之所取也」。[10]把詞分為婉約與豪放，並以婉約為「正體」，這是最早的論述。

9　　《文章辨體序說》、《文體明辨序說》合刊本，第102頁。
10　《文章辨體序說》、《文體明辨序說》合刊本，第165頁。

第八章

清代文論中的「正變」論

第一節　清初「正變」論的政治傾向與「正」、「變」之爭

　　明末清初，社會處在鼎革之際，詩歌的「正變」問題的討論呈現著複雜的態勢。傳統詩學的「正變」、「美刺」、「治世之音」、「亂世之音」等問題，曾引起熱烈的討論，這種討論總與政治有密切的關係，正像張健《清代詩學研究》所說：「治世之音是溫厚和平之音，亂世之音是怨怒哀思之音。變風、變雅就是亂世亡國之音。對於明末的詩人來說，正變的問題涉及對明末國運的認識問題，如果詩人在創作中表現出怨怒哀思的變風變雅之旨，那就等於承認這個時代是衰變之世。對於清初的詩人來說，變風變雅是衰世亡國之音，清朝統治逐漸穩定了，如果站在清統治者的政治立場上看，新王朝要有開國之氣象，必然要求在詩歌領域表現出這種氣象，必然要求治世之音，這樣變風、

變雅之音就不符合清王朝的政治需要。所以正變與溫厚和平的問題在明清之際的詩學中絕不是一個純粹的詩學理論問題，而是一個非常現實的政治問題。」[1]所言極是。

我們以陳子龍（1608-1647）《宋尚木詩稿序》為例，來說明明末清初論詩之「正變」與時代的密切關係：

蓋尚木為詩者凡三變矣。始則年少氣盛，世方饒樂，蓋多芳澤綺豔之詞焉，是未免雜乎鄭、衛；既當先朝兵數起，無寧歲，慨然有經世之志，蓋多感慨閔激之旨焉，是為齊秦之音及小雅之變；今王氣再見春陵，天下想望太平，故其為詩也，深婉和平，歸於忠愛，庶幾乎〈召南〉之有「羔羊」、「素絲」。（《陳忠裕公全集》卷二十六）

宋征璧（字尚木）詩風之「三變」都與時代有密切的關係，「世方饒樂」是指明後期的安定時代，這是儒家詩學與政教傳統失落的時期，此時宋尚木對世務所急並不關心，所以詩中雜鄭、衛之音。至崇禎年間，爆發了李自成起義，「兵數起」，這是大亂的年頭，時代的變化引起詩人對時局的關心，故「慨然有經世之志」，發為吟詠，故多感慨之詞。所謂「齊秦之音」與「小雅之變」，即憫時傷亂的「變風」、「變雅」之音。這是宋尚木詩風的再變。到了陳子龍為宋尚木詩集作序的年代，即清順治三年（1646），清朝已定鼎北京，但南明永曆政權的抗清主力正齊集湖南，宋尚木正追隨南明政權抗清，陳子龍此時亦力主抗清，他認為當時的大好形勢正是「王氣再見」的表現，而「變風」、「變雅」的不和平之音與此形勢不和諧，故詩人改弦更張，發出忠愛和

1　張健：《清代詩學研究》，北京大學出版社1999年版，第25-26頁。

平的盛世之音，以鼓舞抗清的斗志，他們認為，「這種盛世之音，正是南明國運昌盛的徵兆」[2]。劉勰說「文變染乎世情」，其實「正變」又何嘗不是「染乎世情」呢？陳子龍的「正變」論也非是一成不變的。據他的學生毛奇齡說，陳子龍在明末任紹興府推官時，曾就「二雅正變之說為之論辯，以為正可為，而變不可為」（《蒼崖詩序》）。但他並沒有一味地崇正、追求盛世之音，因為他所處的時代，畢竟是一個衰變的時代，他認為詩人應當對自己的時代作出判斷。在《左伯子古詩序》中說：

　　蓋君子之立言，緩急微顯，不一其緒，因乎時者也。當其蘖芽始生，風會將變，其君子深思而不迫，為之念舊俗，追盛王，以寄其愾嘆，如彼〈都人士〉、〈楚茨〉諸作是也。洎乎勢當流極，運際板蕩，其君子憂憤而思大諫，若震聾不擇曼聲，拯溺不取緩步，如〈召旻〉、〈雨無正〉之篇，何其刻急鮮優游之度耶！乃知少陵遇安史之變，不勝其忠君愛國之心，維音曉曉，亦無倍於風人之義者也。（《安雅堂稿》卷四）

　　〈都人士〉與〈楚茨〉，均是《詩經》〈小雅〉中的刺詩，屬於「變雅」，按照《毛詩》〈小序〉的說法，〈都人士〉是「周人刺衣服無常也，古者長衣，衣服不貳，從容有常，以齊其民，則民德歸一。傷今不復見古人矣」。〈楚茨〉「刺幽王也。政煩賦重，田萊多荒，饑饉降喪，民卒流亡，祭祀不饗，故君子思古焉」。用《詩大序》的說法，這是「傷人倫之廢，哀刑政之苛，吟詠性情，以風其上，達於事變而懷其舊俗

2　張健：《清代詩學研究》第28頁。

者也」。但從兩詩內容看，雖有寄慨，還是從容不迫的，不算是「志微
噍殺之音」。此時衰變還剛剛萌芽，風氣變壞才剛剛開始。到了運際板
蕩的時代，情況就不一樣了。如〈召旻〉，《毛詩》〈小序〉說：「凡伯
刺幽王大壞也。旻，閔也，閔天下無如召公之臣也。」〈雨無正〉：「大
夫刺幽王也。雨自上下者也，眾多如雨，而非所以為政也。」這兩首詩
心氣已不太和平，是「君子憂憤而思大諫」之作，有大聲疾呼的緊迫
感。這是時代使然。由此推論，杜甫遭遇「安史之亂」以後，所寫的
哀嘆民生疾苦的嘵嘵之音，也就可以理解了，這些詩並不違背風人之
旨。這樣，陳子龍不但肯定了「變風」、「變雅」的合理性，也肯定了
後世的「怨怒之音」。

　　到了清順治、康熙之際，政治情況又變化了，清朝的統治比較穩
固了。清初實行開科取士之後，不少新進士成了著名詩人，如施閏章
（1618-1683）、王士禛（1634-1711）都是這類代表人物。對於新的清王
朝來說，遺民詩人的「變風」、「變雅」之音與新的時代就有些不協調
了，個別的遺民詩人，政治態度也有所改變，他們在詩歌中要求「正
聲」，並將「正聲」與「溫柔敦厚」的詩教連繫起來，變成要求溫厚和
平之音而排斥「變風」、「變雅」之音。陳維崧（1625-1682）在《王阮
亭詩集序》中，稱讚王阮亭（士禛）「既振興詩教於上，而變風變雅之
音漸以不作」，就是一個信號。而汪琬（1624-1690）的《唐詩正序》，
更可視為清初崇「正」斥「變」的代表。他說：

　　　《詩》風、雅之有正、變也，蓋自毛、鄭之學始。成周之初，雖以
　途歌巷謠，而皆得列於正；幽、厲以還，舉凡諸侯、夫人、公卿、大
　夫，閔世病俗之所為，而莫不以變名之。正變云云，以其時，非以其
　人也。故曰：志微噍殺之音作而民思憂，嘽諧慢易之音作而民康樂，

順成和動之音作而民慈愛，流僻邪散、狄成滌濫之音作而民淫亂。夫詩固樂之權輿也。觀乎詩之正變，而其時之廢興治亂、隆污得喪之數，可得而鑑也。史家傳志五行，恆取其變之甚者以為詩妖詩孽、言之不從之征，故聖人必用溫柔敦厚為教，豈苟然哉。

　　《唐詩正》是俞南史、汪森編選的唐代詩歌集，之所以書名加一「正」字，無非是標明所選之詩為唐詩之正音或正宗，書之命名本身就帶有崇「正」斥「變」的傾向。汪琬的《序》把這一點又加以突出。朱自清先生在《詩言志辨》中對汪琬的《唐詩正序》評價頗高。他說：「風雅正變說和『詩妖』的淵源，前人已經有指出的。」所舉之例，就是《唐詩正序》，在引錄此序之後，朱先生接著說：「這裡雖未明說『風雅正變』說出於『詩妖』說，但能將兩者比較著看，已是巨眼。『以其時，非以其人』一句話說『正變』最透徹。說到『溫柔敦厚』的詩教，是說『變風變雅』雖『變而不失正』，還可以『正人心，端正教』，正是《詩大序》所謂『達於事變而懷其舊俗』和『止乎禮義，先王之澤也』的意思。惟其『變而不失正』，所以『變風變雅』並不因『變』而減少詩本身的價值。」[3]筆者不同意「風雅正變」說淵源於「陰陽五行」與「詩妖」說，前文已經敘及。至於汪琬的《唐詩正序》所說的「變之甚者以為詩妖詩孽」，是有其鮮明的政治目的的。汪琬是崇「正」斥「變」的，他的崇「正」目的是為清王朝服務。他的斥「變」，是為了排斥詩歌創作中的怨怒之音。他對「變」之甚者尤不能允許，故視為異端邪說加以排斥、詆毀，比之於詩妖，並在強調「正」的同時，先將風雅之「正變」與時代政治連繫起來，又將「正變」與「溫柔敦厚」的詩

3　　《朱自清說詩》，第146-147頁。

教連繫起來，以「溫柔敦厚」為「正」，而排斥「閔世病俗」的「變風」、「變雅」之音。張健的《清代詩學研究》對此評論說：「這種主正斥變之論不僅是論唐詩，更是論當代詩，更是要排斥當代的變風變雅之音。從這種立場出發，汪琬對杜甫詩歌的憫時傷亂也作了批評，反對當代詩人學習杜甫。其《程周量詩集序》云：『孔子曰：溫柔敦厚，詩教也。……今之學詩者，每專主唐之杜氏，於是遂以激切為工，以拙直為壯，以指斥時事為愛國憂國。其原雖稍出於雅頌，而風人多設辟喻之意亦以是而衰矣。世之論《三百篇》者曰：『取彼讒人，投畀豺虎』，不可謂不激切也。……斯說誠然矣。然古之聖賢未嘗專以此立教。其所以教人者必在性情之和平，與夫語言感嘆之曲折，如孔子所云溫柔敦厚是已。……夫作詩至於《三百篇》、言詩者至於孔子可矣，學者舍孔子不法而專主於杜氏，此予不能無感也。』（《汪鈍翁前後類稿》卷二十八）以汪琬的說法，杜甫的詩歌不符合溫柔敦厚的詩教，所以當代詩人不能向他學習。其實汪琬提出這一問題的實質不是要不要學習杜甫，而是要求當代詩人在新朝不能再寫那些怨憤的變風變雅之音。這與其說是對當代詩人的詩學要求，不如說是政治要求。」[4]此論頗為中肯，這說明古老的詩學範疇「正變」，有時與政治也會發生密切的關係。在清初，提倡溫厚和平之音、排斥「變風」、「變雅」之音，是符合清朝最高統治者的需要的，康熙皇帝的《御選唐詩序》，與汪琬的《唐詩正序》其崇「正」斥「變」之傾向頗為一致。康熙序云：

　　孔子曰：「溫柔敦厚，詩教也。」是編所取，雖風格不一，而皆以溫柔敦厚為宗。其憂思感憤、倩麗纖巧之作，雖工不錄。使覽者得宣

4　張健：《清代詩學研究》，第33-34頁。

志達情，以範於和平。蓋亦用古人以正聲感人之義。（《聖祖仁皇帝御製文集》第四集卷二十二）

　　這裡提倡「正聲」，正是旨在排斥「變風」、「變雅」之音；提倡詩教，意在排斥「憂思感憤」之作。汪琬提出杜甫詩不可學，《御選唐詩》則不選杜甫的「三吏」、「三別」，不選白居易反映民生疾苦的新樂府詩，這正是通過選詩，排斥當時詩壇的「變風」、「變雅」之音。

　　這種崇「正」斥「變」的傾向又引起另一詩派的不滿。黃宗羲（1610-1695）就旗幟鮮明地肯定變風變雅之音，他在《陳葦庵年伯詩序》中說：

　　然則正、變云者，亦言其時耳，初不關於作詩者之有優劣也。美而非諂，刺而非訐，怨而非憤，哀而不私，何不正之有？夫以時而論，天下之治日少而亂日多，事父事君，治日易而亂日難。韓子曰：「和平之音淡薄，而怨思之聲要妙；歡愉之辭難工，而窮苦之言易好。」向令風、雅而不變，則詩之為道，狹隘而不及情，何以感天地而動鬼神乎？（《南雷續文集》〈撰杖集〉）

　　黃氏指出，「正」、「變」的區分，既然是以時代的盛衰為依據，那麼「正」、「變」之分，也就並無優劣之不同。而且以時代而論，安定之日少而動亂之日多，因此，「變」是必然的，普遍的。黃氏又引韓愈的話，認為屬於「變」的愁思窮苦之音，其美學價值超過屬於「正」的和平之音與歡愉之辭，因而「變」更加值得肯定。從審美角度說，黃宗羲實際上是把「變」置於「正」之上了。

　　申涵光（1620-1677）也在為「變風」、「變雅」之音辯護，他在《賈

黃公詩引》中說：

> 溫柔敦厚，詩教也。然吾觀古今為詩者，大抵憤世嫉俗，多慷慨不平之音。自屈原而後，或憂讒畏譏，或悲貧嘆老，敦厚誠有之，所云溫柔者，未數數見也。子長云：「《三百篇》，聖賢發憤之所作。」然則憤而不失其正，固無妨於溫柔敦厚也歟。（《聰山集》卷二）

　　申氏認為，所謂「憤世嫉俗」、「慷慨不平」之音，就是「變風」、「變雅」之音，這在古今詩中是大量存在的，說它們「敦厚」還可以，如說「溫柔」，就不多見了。申氏又援引司馬遷說《三百篇》皆「聖賢發憤之所作」，論證憤詩、怨詩是「憤而不失其正」，對「溫柔敦厚」的詩教並無妨礙，這實際上是肯定了「變」而不失其「正」，承認「憤」與「變」都是合情合理的。

　　從以上分析可以看出，清初的「正變」論，存在著崇「正」斥「變」和為「變風」、「變雅」辯護兩種對立的傾向，「正變」的爭論，不僅是詩學問題的爭論，而且是一個政治問題的爭論，在某種程度上可以說，這是擁護新王朝還是反對新王朝的思想統治的爭論。這使得「正變」這一古老的詩學範疇，比任何時代的詩學與政治的連繫都更密切，在這種政治與學術的背景下，產生了葉燮的《原詩》。《原詩》是繼劉勰《文心雕龍》、鐘嶸《詩品》之後又一部理論色彩與系統性都很強的詩學專著，其論「正變」，可視為明清兩代「正變」論的總結，而且有發展，有創新，故本書下一節作專門論述。

第二節　「正變」論的一個新里程碑——葉燮《原詩》的
　　　　　「正變」論

　　前面已指出，明代前、後「七子」的詩學主張是主「正」的，公安派、竟陵派的詩學主張是主「變」的，兩派各執一端，互相對立，實際上各有其弊。清初以來的詩學開始超越這種兩極對立而趨向將「正變」統一起來，由於清初最高統治者排斥「變風」、「變雅」之音，有一批與新王朝關係較密切的詩人詩論家，又具有崇「正」斥「變」傾向，但他們的崇「正」斥「變」與明代前、後「七子」不同，目的不是復古，而是為新政權服務。葉燮（1627-1703）中進士之後，雖然做過寶應知縣，但五十歲左右便被罷官，從此過著隱居的生活，潛心於詩學研究，開館授徒，是個純學者型的人物，故清初將明代「正變」兩極對立而趨向統一和綜合的任務，歷史地落在葉燮身上了。《原詩》〈內篇上〉開宗明義地說：

　　詩始於《三百篇》，而規模體具於漢。自是而魏，而六朝、三唐，歷宋、元、明，以至昭代，上下三千餘年間，詩之質文、體裁、格律、聲調、辭句，遞嬗升降不同。而要之，詩有源必有流，有本必達末；又有因流而溯源，循末以返本。其學無窮，其理日出。乃知詩之為道，未有一日不相續相禪而或息者也。但就一時而論，有盛必有衰；綜千古而論，則盛而必至於衰，又必自衰而復盛。非在前者之必居於盛，後者之必居於衰也。乃近代論詩者則曰：《三百篇》尚矣；五言必建安、黃初；其餘諸體，必唐之初盛而後可。非是者，必斥焉。如明李夢陽不讀唐以後書；李攀龍謂「唐無古詩」，又謂「陳子昂以其古詩為古詩，弗取也」。自若輩之論出，天下從而和之，推為詩家正宗，家

弦而戶習。習之既久，乃有起而掊之，矯而反之者，誠是也；然又往往溺於偏畸之私說。其說勝，則出乎陳腐而入乎頗僻；不勝，則兩弊。而詩道遂淪而不可救。由稱詩之人，才短力弱，識又曚焉而不知所衷。既不能知詩之源流本末正變盛衰，互為循環；並不能辨古今作者之心思才力深淺高下長短，孰為沿為革，孰為創為因，孰為流弊而衰，孰為救弊而盛，一一剖析而縷分之，兼綜而條貫之。

這一段論述，可以視作《原詩》的綱領，他把詩歌置於一個不斷發展變化的過程之中，而且其發展變化，不是直線上升，也非直線下降，有盛必有衰，又必自衰而復盛，盛與衰是互為循環的，並非在前者必居於盛，在後者必居於衰。這實際上是對復古派的當頭一棒。復古派是非近宗遠，認為前者必居於盛，後者必居於衰，所以愈古愈好。他點了明代「七子」派兩個代表人物的名字，足見他的主要批判對象是「七子」復古派。「偏畸之私說」，指公安派、竟陵派。「七子」派主張復古而陷入陳腐，公安派、竟陵派主張「新變」而陷入偏頗。葉燮對兩派均有所不滿，他認為不論兩派誰勝利了，對詩道來說都是弊病，都是詩道的淪落，這實際上也是不懂「正變」所致。

葉燮詩學的特點是，既承認詩有「正變」，又反對「伸正而拙變」，他認為詩與一切事物一樣，不能「膠固而不變」，「變」是絕對的，「變」是合理的、天經地義的。他說：

蓋自有天地以來，古今世運氣數，遞變遷以相禪。古云：「天道十年而一變。」此理也，亦勢也，無事無物不然；寧獨詩之一道，膠固而不變乎？今就《三百篇》言之：〈風〉有〈正風〉，有〈變風〉；〈雅〉有〈正雅〉，有〈變雅〉。〈風雅〉已不能不由正而變，吾夫子亦不能存

正而刪變也。則後此為風雅之流者，其不能伸正而拙變者明矣。(《原詩》〈內篇上〉)

　　葉燮又從《詩經》至明代三千多年的詩歌史來論證詩歌屢變是時之當然，勢不能不變，其中有大變，有小變。他把「正變」與「因」、「創」連繫起來，認為歷史上的許多著名詩人，「雖各有所因，而實一一能為創」。只有「不肯沿襲前人以為依傍」的人，才能「自立」，那些「因循世運，隨乎波流，不能振拔」的人，不過是「弱者」而已。也就是說，「變」，需要創造力，大變需要大才。這樣，葉氏自然而然地將「變」的品格提高到「正」的品格之上了。

一、葉燮為肯定「變」而掃除理論障礙

　　為了肯定「變」，葉燮掃除了一系列的理論障礙，其理論障礙之一就是「變」與詩教的關係。葉燮認為，「變」並不背離「溫柔敦厚」的詩教。

　　「崇正抑變」者將「正變」問題與「溫柔敦厚」的詩教機械地連繫起來，認為「溫柔敦厚」是「正」，「變」有違於「溫柔敦厚」。汪琬就持此說，在《唐詩正序》中，他認為：「觀乎詩之正變，而其時之廢興治亂、污隆得喪之數，可得而鑑也。」不僅如此，他把「變之甚者」與「詩妖」、「詩孽」連繫起來，目稱訕謗、謠言，當然毫無溫柔敦厚可言，說：「故聖人必用溫柔敦厚為教，豈苟然哉。」葉燮對汪琬的論點進行了針鋒相對的反駁，他在《汪文摘謬》中說：

　　　若以詩之「正」為「溫柔敦厚」，「變」者不然，則聖人刪詩盡去其「變」者可矣。聖人以「變」者仍無害其「溫柔敦厚」而並存之；則詩分「正、變」之名，未嘗分「正、變」之實。「溫柔敦厚」者，「正

變」之實也。

　　葉燮極力證明「變」與「溫柔敦厚」並不矛盾，這個問題要正面
論述有一定難度，因為「變風」、「變雅」多怨刺之詩，與「溫柔敦厚」
的中正和平之音不大協調，前人論此，多從作詩者的主觀動機來牽合
「溫柔敦厚」，著眼點於刺詩與勸善懲惡不矛盾，動機「正」，因此並不
違背「溫柔敦厚」。葉燮從詩的「名」、「實」關係來立論，認為「詩分
『正、變』之名，未嘗分『正、變』之實」，「溫柔敦厚」便是「『正變』
之實」，也就是說，「變」詩在精神實質上，是「溫柔敦厚」的。這種
觀點，在《原詩》〈內篇上〉中，葉燮又換了一種方式，進一步論述
它：

　　或曰：「『溫柔敦厚，詩教也。』漢、魏去古未遠，此意猶存，後
此者不及也。」不知「溫柔敦厚」，其意也，所以為體也，措之於用，
則不同；辭者，其文也，所以為用也，返之於體，則不異。漢魏之
辭，有漢魏之「溫柔敦厚」，唐、宋、元之辭，有唐、宋、元之「溫柔
敦厚」。譬之一草一木，無不得天地之陽春以發生。草木以億萬計，其
發生之情狀，亦以億萬計，而未嘗有相同一定之形，無不盎然皆具陽
春之意。豈得曰若者得天地之陽春，而若者為不得者哉！且「溫柔敦
厚」之旨，亦在作者神而明之；如必執而泥之，則〈巷伯〉「投畀」之
章，亦難合於斯言矣。

　　前文從名實論「正變」與「溫柔敦厚」的關係，此則從「體用」
論「正變」與「溫柔敦厚」的關係，目的是一個，旨在說明「變」並
不違背「溫柔敦厚」，實際上是為肯定「變」掃清理論障礙。文中提到

的〈巷伯〉，是《詩經》〈小雅〉中的一篇。《毛詩》〈小序〉云：「〈巷伯〉，刺幽王也，寺人傷於讒，故作是詩也。」這是一首「變雅」，是刺詩，而且諷刺十分尖銳。所謂「投畀」之章，指「取彼讒人，投畀豺虎。豺虎不食，投畀有北。有北不受，投畀有昊」。意思是說：「把那些讒害人的壞蛋投向豺狼虎豹；豺狼虎豹不吃他，就投向寒冷的北方；北方不接受，就交給老天爺處罰他。」如果說這樣的詩是「溫柔敦厚」的，那是很難讓人接受的。但葉燮的學生沈德潛（1673-1769）對此曲為解說：

> 〈巷伯〉惡惡，至欲「投畀豺虎」、「投畀有北」，何嘗留一餘地？然想其用意，正欲激發其羞惡之本心，使之同歸於善，則仍是溫厚和平之旨也。〈牆茨〉、〈相鼠〉之詩，亦須本斯意讀。（《說詩晬語》卷上）

沈德潛的解釋，只是一種牽合，沒有說服力。葉燮的「名實」說、「體用」說，雖不能從本質上闡述清楚「變風」、「變雅」與「溫柔敦厚」的複雜關係，但可貴的是做出了一些努力，為「變」爭得了與「正」同等的地位。「風雅正變」說是將「正變」與時代的盛衰連繫在一起的，以盛世的詩歌為「正」，衰世之詩歌為「變」。汪琬利用了漢儒的這一說法，推及對後代詩歌的研究上。在《唐詩正序》中，他認為唐代貞觀、永徽年間的詩歌是「正之始也」，開元、天寶諸家詩是「正之盛也」，其間李、杜兩家「正矣，有變者存」，大曆、元和、貞元之詩是「變而不失正」，此後純然是「變」。他把詩歌的「正變」，看成是政治狀況的表現和時代盛衰的反映，並說：

凡此皆時為之也。當其盛也，人主勵精於上，宰臣百執趣事盡言於下，政清刑簡，人氣和平，故其發之於詩，率皆沖融而爾雅，讀者以為正，作者不自知其正也。及其既衰，在朝則朋黨之相訐，在野則戎馬之交訌，政煩刑苛，人氣愁苦，故其所發又皆哀思促節為多。最下則浮且靡矣。……讀者以為變，作者則不自知其變也。是故正變之所形，國家之治亂系焉；人才之消長，風俗之污隆系焉。（《堯峰文鈔》卷二十六《唐詩正序》）

　　汪琬的看法是機械的、形而上學的，從文學發展的規律看，時代的盛衰與文學發展的盛衰是既平衡又不平衡的，衰變之世、多事之秋有時會造就一大批偉大的文學家和詩人，「哀民生之多艱」（《離騷》）的作品多數比歌功頌德的作品成就更高。汪琬用「風雅正變」來評價唐詩，實際是用「崇正抑變」的觀點來評價當代詩，目的是提倡中正和平的盛世之音，排斥怨刺之作，以此為清王朝服務，製造太平盛世的景象。對於汪琬的這種觀點，葉燮要肯定「變」，必然不能贊同這種觀點，他首先指出「風雅正變」與後代詩歌的「正變」有所不同，明確提出「時變而失正，詩變而仍不失其正」的鮮明觀點：

　　〈風〉、〈雅〉之有正有變，其正變繫乎時，謂政治風俗之由得而失，由隆而污，此以時言詩，時有變而詩因之。時變而失正，詩變而仍不失其正，故有盛無衰，詩之源也。吾言後代之詩，有正有變，其正變繫乎詩，謂體格、聲調、命意、措辭，新故升降之不同。此以詩言時；詩遞變而時隨之。故有漢、魏、六朝、唐、宋、元、明之互為盛衰，惟變以救正之衰，故遞衰遞盛，詩之流也。從其源而論，如百川之發源，各異其所以出，雖萬派而皆朝宗於海，無弗同也。從其流

而論，如河流之經行天下，而忽播為九河；河分九而俱朝宗於海，則亦無弗同也。（《原詩》〈內篇上〉）

　　葉燮承認〈風〉、〈雅〉的「正變」是「繫乎時」的，從《詩大序》到鄭玄的《詩譜序》都有這種看法，這種看法雖然有不科學的地方，但這是傳統的儒家詩學，它已形成根深柢固的影響，葉燮也只得承認這一事實。但對於《詩經》以後詩歌的「正變」，他提出「其正變繫乎詩」，這一字之差，卻是兩種截然不同的「正變」觀，具有本質的不同。「繫乎時」的說法，忽視了詩歌本體的獨立性、藝術形式及審美特徵，也就是說忽視了詩歌藝術本身的內部發展規律。葉燮把觀察詩歌「正變」的契機引向體格、聲調、命意、措辭等方面，充分注意到詩歌的內容與形式方面的特點，肯定了詩歌自身藝術形式與風格方面的變化，與政治盛衰是沒有多少連繫的。「時變而失正，詩變而仍不失其正」，是非常精闢的觀點，這裡所說的「正」，與「長盛不衰」義近，是正盛。這是考察了中國數千年的詩歌發展史所得出的結論。

二、「正有漸衰，變能啟盛」——葉燮在「正變」論的突出貢獻

　　首先，葉燮從源流上來論述詩歌的發展與「正變」的關係。他認為《詩經》是詩歌史之源，《詩經》以後的詩歌都是流。作為源來說，有盛無衰，這是從《詩經》被尊為經典立論的；作為流，是有盛有衰的。但這種盛衰是詩歌本身的盛衰，與時代政治沒有關係。傳統的儒家詩學以及與葉燮同時代的汪琬把詩之「正變」與時代的盛衰連繫起來，以「正」為盛，以「變」為衰。這是他們否定「變」的主要理論根據。葉燮否定了這一看法，這是葉燮為肯定「變」掃除的一個理論障礙。

　　另外，葉燮在肯定「變」的基礎上，提出一個光輝論點，即：「正

有漸衰，變能啟盛」。他說：

歷考漢魏以來之詩，循其源流升降，不得謂正為源而長盛，變為
流而始衰。惟正有漸衰，故變能啟盛。如建安之詩，正矣，盛矣；相
沿久而流於衰。後之人力大者大變，力小者小變。六朝諸詩人，間能
小變，而不能獨開生面。唐初沿其卑靡浮豔之習，句櫛字比，非古非
律，詩之極衰也。而陋者必曰：此詩之相沿至正也。不知實正之積弊
而衰也。迨開、寶諸詩人，始一大變。彼陋者亦曰：此詩之至正也。
不知實因正之至衰變而為至盛也。盛唐諸詩人，惟能不為建安之古
詩，吾乃謂唐有古詩。若必摹漢魏之聲調字句，此漢魏有詩，而唐無
古詩矣。且彼所謂陳子昂「以其古詩為古詩」，正惟子昂能自為古詩，
所以為子昂之詩耳。然吾猶謂子昂古詩，尚蹈襲漢魏蹊徑，竟有全似
阮籍《詠懷》之作者，失自家體段；猶訾子昂不能以其古詩為古詩，
乃翻勿取其自為古詩，不亦異乎！杜甫之詩，包源流，綜正變。自甫
以前，如漢魏之渾朴古雅，六朝之藻麗穠纖、澹遠韶秀，甫詩無一不
備。然出於甫，皆甫之詩，無一字句為前人之詩也。自甫以後，在唐
如韓愈、李賀之奇崛，劉禹錫、杜牧之雄傑，劉長卿之流利，溫庭
筠、李商隱之輕豔，以至宋、金、元、明之詩家稱巨擘者，無慮數十
百人，各自炫奇翻異，而甫無一不為之開先。此其巧無不到、力無不
舉，長盛於千古，不能衰、不可衰者也。今之人固群然宗杜矣；亦知
杜之為杜，乃合漢、魏、六朝並後代千百年之詩人而陶鑄之者乎！唐
詩為八代以來一大變。韓愈為唐詩之一大變；其力大，其思雄，崛起
特為鼻祖。宋之蘇、梅、歐、蘇、王、黃，皆愈為之發其端，可謂極
盛。而俗儒且謂愈詩大變漢魏，大變盛唐，格格而不許。何異居蚯蚓
之穴，習聞其長鳴，聽洪鐘之響而怪之，竊竊然議之也！（《原詩》〈內

篇上〉）

　　上引的這一段話，其論述相當深刻而精闢。葉氏一針見血地指出：俗儒的看法是「正為源而長盛，變為流而始衰」，是錯誤的，其所以錯誤，是因為俗儒沒有看到「正有漸衰」的一面，「正」並非永遠是盛的，「正」也好，「盛」也好，相沿至久，會變成衰。也就是說，「衰」不是由「變」來的，而是由「正」來的，要改變這一狀況只有「變」，「變」並非人人都能做到，只有有才力的詩人才能做到，力大者才能「大變」，力小者只能「小變」，只有「變」，才能開啟新的興盛，再創一個新的「正」。唯其衰是「正」的積弊所造成的，那麼救衰的辦法就是「變」。詩歌形式的發展就是這樣。詩歌的某種體式、風格，一旦為大家所接受，則群起而學之，這表面看來是盛極一時，實際都埋下了衰的種子。因為模擬這種體式、風格多了，漸漸的這種形式就會僵化，就會失去生命力，就會模式化，這時候就會有人丟棄舊的模式，再創新的富有生命力的新體式、新風格，從此而獲得新的「正」和「盛」。這是中國兩三千年的詩歌史所證明了的，也是符合詩歌發展的規律的。那些崇漢魏、宗盛唐的復古主義者，只知建安之詩是「正」、是「盛」，認為六朝的卑靡浮豔的詩風是「變」的過錯，不承認它是「正」的積弊所造成的，他們把救衰的方式寄託在模擬「正」、「盛」時期的詩歌上，走復古的路子，而不知「變能啟盛」，「變能救衰」。固守「正」而不知「變」，亦步亦趨地蹈襲前人蹊徑，只能失去「自家身段」，失去自我，就會變成「土偶」。葉燮以陳子昂、杜甫等人為例，來反覆說明這個問題。杜甫所以偉大，就在於他能「包源流、綜正變」，在於能集漢、魏、六朝之大成，在於能「大變」傳統。唐詩所以稱為詩歌史上的黃金時代，關鍵在於「唐詩為八代以來一大變」，只有

「大變」才能出現極盛。「變」是絕對的，不可避免的。「或數十年而一變，或百餘年而一變，或一人獨自為變，或數人而共為變。」（《原詩》〈內篇上〉）這些都是概括詩歌發展史所得出的科學結論。

　　葉燮肯定「變能啟盛」，但也承認歷史上有「因變而益衰」的現象。承認在詩歌發展的歷史長河中，「其間或有因變而得盛者，然亦不能無因變而益衰者」。這是比較實事求是的。詩歌的發展變化，不可能不出現低潮和倒退，「因變得盛」是總的發展趨勢，「因變益衰」是不可避免的現象，唯其如此，才符合事物發展的規律。難能可貴的是，葉燮並沒有把文學的發展看成是簡單的、機械的直線運動，而認為文學的發展是「遞衰遞盛」的過程，這是詩歌發展辯證運動的過程，是螺旋形的上升過程，這是符合否定之否定的規律的，含有藝術辯證法的因素。葉燮同時指出：「但就一時而論，有盛必有衰；綜千古而論，則盛於必至於衰，又必自衰而復盛。非在前者之必居於盛，後者之必居於衰也。」葉燮在研究詩歌發展史的紮實基礎上，清楚地看到「正變盛衰」的種種複雜關係，看到了詩歌發展運動「相續相禪」、「遞衰遞盛」的規律，看到了詩歌發展的主流是「因變得盛」，「變」是動因，是發展前進的原動力，在由衰趨盛的總體走向中，「變」是積極的、主動的，是主流。在歷史上，還沒有一人如此熱情地讚美「變」，肯定「變」。他對一切復古主義的論調、「崇正斥變」的論調，給予了致命的打擊。其理論的思辨性很強，又用詩歌發展史的鐵的事實來論述，史論結合，極具說服力。其理論高度無疑是我國詩歌「正變」論的一個高峰。

　　葉燮在論「詩體正變」時，極力使其與「風雅正變」分離，因為「風雅正變」還不具備「正」、「變」互為盛衰的全過程。只有把詩歌發展放在歷史長河中來考察，才可發現規律性的東西。葉燮看到了源

流、正變、盛衰「互為循環」的發展模式：

正（盛）→衰→變→盛（新正）→衰→變→盛（新正）……

需要強調的是，這個循環模式並非機械的、周而復始的，經「變」所啟之「盛」，即新的「正」。它既不同於前一「正」，也不同於後一「正」，每一「正」都有自己獨具的體式、風格、聲調、辭句的特點。它不是封閉的，也不是簡單地重複舊事物，葉燮的這種「正變」、「盛衰」的「循環模式」，與明代前、後「七子」的復古是根本對立的。復古派以固守傳統為「正」、為盛，以「變」為衰。葉燮以沿襲傳統為衰，以「新變」為盛，為新的「正」，突出強調的是帶有創造性的「變」。他並且運用這一理論來分析漢魏至宋代的詩歌發展歷程。張健的《清代詩學研究》將葉燮《原詩》〈內篇上〉論述這一歷史階段詩歌發展歷程的千餘言文字，概括為一個簡表，頗為簡明，茲移錄於下：

建安（正、盛）──相沿久（衰）──六朝（小變，未盛）──至唐初（極衰）──開元、天寶詩人（變，盛，復為正）──貞元、元和（衰）──韓愈（變，盛，正）──晚唐（衰）──蘇軾（變，盛）

在這個「正變」、「盛衰」的鏈條中，葉燮特別突出了杜甫、韓愈、蘇軾三大家的地位，他們的確是中國詩歌史上的三個里程碑。葉燮給了杜甫一個特殊的與《詩經》相等的地位，他說：「統百代而論詩，自《三百篇》而後，惟杜甫之詩，其力能與天地相終始，與《三百篇》等。」、「杜甫之詩，包源流，綜正變。自甫以前，如漢魏之渾朴古雅，六朝之藻麗穠纖、澹遠韶秀，甫詩無一不備。然出於甫，皆甫之詩，無一字句為前人之詩也。」而葉燮所以如此推尊杜甫，一方面著眼於杜甫能夠大變八代之詩，一方面著眼於杜甫之集大成，而「變」乃是葉

變評價詩人的價值取向。

　　葉燮之所以稱讚韓愈，著眼點也在「變」。他說：「唐詩為八代以來一大變。韓愈為唐詩之一大變；其力大，其思雄，崛起特為鼻祖。宋之蘇、梅、歐、蘇、王、黃，皆愈為之發其端，可謂極盛。」極盛則又獲得新的「正」。同樣，蘇軾所以能與杜、韓鼎足而三，亦在於「大變」，葉燮說：「蘇軾之詩，其境界皆開闢古今之所未有，天地萬物，嬉笑怒罵，無不鼓舞於筆端，而適如其意之所欲出，此韓愈後一大變也，而盛極矣。」（《原詩》〈內篇上〉）葉燮在《原詩》〈外篇上〉又說：「杜甫之詩，獨冠古今。此外上下千餘年，作者代有，惟韓愈、蘇軾，其才力能與甫抗衡，鼎立為三。韓詩無一字猶人，如太華削成，不可攀躋。若俗儒論之，摘其杜撰，十且五六，輒搖唇鼓舌矣。蘇詩包羅萬象，鄙諺小說，無不可用。譬之銅鐵鉛錫，一經其陶鑄，皆成精金。庸夫俗子，安能窺其涯涘！並有未見蘇詩一斑，公然肆其譏彈，亦可哀也！韓詩用舊事而間以己意易以新字者，蘇詩常一句中用兩事三事者，非騁博也，力大故無所不舉。然此皆本於杜。細覽杜詩，知非韓蘇創為之也。」從中可以看出葉燮對三大家的評價，是以三家的「大變」與創造性為標準的。從對三大家的評論中，可以略見葉燮批評論的「正變」論。

三、葉燮創作論的「正變」

　　葉燮的「正變」論美學內涵相當豐富，論域相當寬廣，涉及「風雅正變」、「詩體正變」、批評論的「正變」、創作論的「正變」四個領域，前三者上文已有論述。現將創作論的「正變」略述於下。

　　在《原詩》〈內篇下〉中，他把作詩比作「謀起一大宅」的建築，建築的第一步是打基礎，作詩「亦必先有詩之基焉。詩之基，其人之胸襟是也。有胸襟，然後能載其性情、智慧、聰明、才辯以出，隨遇

發生，隨生即盛」。建築的第二步是「既有其基矣，必將取材」。對於作詩者來說，「既有胸襟，必取材於古人，原本於《三百篇》、《楚騷》，浸淫於漢魏、六朝、唐、宋諸大家，皆能會其指歸，得其神理。以是為詩，正不傷庸，奇不傷怪，麗不傷浮，博不傷僻，決無剽竊吞剝之病」。建築的第三步是用材。對於作詩來說，「要見古人之自命處、著眼處、作意處、命辭處、出手處，無一可苟，而痛去其自己本來面目。如醫者之治結疾，先盡蕩其宿垢，以理其清虛，而徐以古人之學識神理充之。久之，又自能去古人之面目，然後匠心而出，我未嘗摹擬古人，而古人且為我役。彼作室者，善用其材而不枉，宅乃成矣」。建築的第四步是「宅成，不可無丹艧赭堊之功」，對於作詩者來說，就是要講究文辭，「文辭者，斐然之章采也。必本之前人，擇其麗而則、典而古者，而從事焉，則華實並茂，無誇縛斗炫之態，乃可貴也。……故能可以設色布采終焉」。這四者完成之後，並非沒有事可做了，還要善於變化，這如同造宅，如果成百的宅院，每個都一樣，讓人看了生厭。對作詩者來說，也要「善變化」，「變化而不失其正」，這才是創作的最高境界。他認為「千古詩人惟杜甫為能」，即只有杜甫才是最善於變化的人。「高、岑、王、孟諸人，設色止矣，皆未可語以變化也」。進而他提出「惟神，乃能變化」，這才是葉燮追求的創作的最高境界，雖然提出「變化而不失其正」，但突出的還是「變」。只有「變」，才能達到入神的最高境界。

　　葉燮將「正變」論運用於創作實踐上，還提出「因」與「革」、「沿」與「創」的問題，即「孰為沿為革，孰為創為因」（《原詩》〈內篇上〉）的問題。「排變而崇正」者，大都「斥近而宗遠」（《原詩》〈內篇下〉），認為「蘇李不如《三百篇》，建安、黃初不如蘇、李，六朝不如建安、黃初，唐不如六朝」。這是「前盛後衰」的典型論調。對

此，葉燮針鋒相對地提出他的看法：

> 夫自《三百篇》而下，三千餘年之作者，其間節節相生，如環之
> 不斷；如四時之序，衰旺相循而生物、而成物，息息不停，無可或間
> 也。吾前言踵事增華，因時遞變，此之謂也。故不讀「明」、「良」、
> 《擊壤》之歌，不知《三百篇》之工也；不讀《三百篇》，不知漢魏詩
> 之工也；不讀漢魏詩，不知六朝詩之工也；不讀六朝詩，不知唐詩之
> 工也；不讀唐詩，不知宋與元詩之工也。夫惟前者啟之，而後者承之
> 而益之；前者創之，而後者因之而廣大之。使前者未有是言，則後者
> 亦能如前者之初有是言；前者已有是言，則後者乃能因前者之言而另
> 有他言。總之，後人無前人，何以有其端緒；前人無後人，何以竟其
> 引申乎。（《原詩》〈內篇下〉）

　　這裡，葉燮把古今詩歌創作的「因」與「創」、「沿」與「革」的
關係，說得很清楚：後代的詩歌，是在前代詩歌的基礎上有所繼承而
又有所發揚光大的，這就是「前者啟之，而後者承之而益之；前者創
之，而後者因之而廣大之」的道理。「因」與「創」的關係就是繼承與
革新的關係：沒有前人，就沒有事物的開頭；沒有後人，就沒有發展；
不讀前代之詩，則不知後代詩歌之工。事物的發展是環環相接，一環
扣一環的；又是愈發展愈美滿完善的，「踵事增華」已成為一種規律。
儒家通常都把《詩經》尊為經典，認為是「盡善盡美」，無以復加的。
葉燮只把《詩經》看成是詩歌發展鏈條中的一個環節，看作是一代詩
歌的代表，並不是發展的極巔。所以他說：「不讀『明』、『良』、《擊壤》
之歌，則不知《詩經》之工也。」、「明」、「良」指《尚書》〈益稷〉所
載：「元首明哉！股肱良哉！庶事康哉！」《擊壤歌》出自《禮記》〈經

解〉《正義》所引《尚書傳》:「日出而作,日入而息。鑿井而飲,耕田而食。帝力於我何有哉。」⁵比起《詩經》來,這些詩歌更顯得質樸,不讀它們,不知《詩經》之工。不讀《詩經》,不知漢魏詩之工,也就是說漢魏詩發展了《詩經》,這種觀點是非常大膽的,葉燮在這方面可以說突破了「宗經」的侷限。這是主「變」觀念的必然發展。這說明葉燮之所以重視「因」與「沿」,還是為了後代詩歌的「革」與「創」。他認為即便是「盡善盡美」的作品,也不可模仿,不必模仿,偶一為之,亦不必求其似,只有「變化神明」最為重要。在此基礎上,他提出「美之變而仍美,善之變而仍善」的觀點:

　　我願學詩者,必從先型以察其源流,識其升降。讀《三百篇》而知其盡美矣,然非今之人所能為;即今之人能為之,而亦無為之之理,終亦不必為之矣。繼之而讀漢魏之詩,美矣、善矣,今之人庶能為之,而無不可為之;然不必為之;或偶一為之,而不必似之。又繼之而讀六朝之詩,亦可謂美矣,亦可謂善矣;我可以擇而間為之;亦可以恝而置之。又繼之而讀唐人之詩,盡美盡善矣,我可以盡心而為之,又將變化神明而達之。又繼之而讀宋之詩、元之詩,美之變而仍美,善之變而仍善矣。我縱其所如,而無不可為之,可以進退出入而為之。(《原詩》〈內篇下〉)

　　優秀的詩歌藝術本來就具有善與美的屬性,並非因為「變」就改變了善與美,「變」反而會創造更善更美的藝術品,故可以放開手大膽

5　《擊壤歌》的時代,葉氏認為早於《詩經》,近代學者對其產生時代有不同看法,可能比《詩經》晚。

地「變」與「創」，可以進退出入地馳騁。葉燮的「因」是離不開創的，他的「因」與「沿」，都不是終極目的，而是由「因」達「變」，「變」然後「創」。也就是說，有所借鑑，才能有所創新，繼承和借鑑不能代替創造，「因」是手段，「創」是目的。而「創」的媒體就是「變」，葉燮就是這樣將「正變」論引入創作論的「因革」論與「沿創」論的。如此說來，葉燮重「變」主「創」的主張已貫穿在全書之中了，如說：「昔人可創之於前，我獨不可創之於後乎？」、「自我作古，何不可之有！附會古人，反失古人之真矣。」（《原詩》〈外篇下〉）

　　總之，可以說，葉燮的「正變」論，在整個封建時代，沒有人能超過他。

第三節　沈德潛的「崇正斥變」與何焯論創作方法的「正變」

　　葉燮之後，「崇正斥變」的思潮又有所抬頭，這與清代的大氣候有關，也與康熙、乾隆提倡「中正和平」之音有關。就連葉燮的弟子沈德潛，在有關「正變」與詩教的論述上，不少地方也背離了葉燮。葉燮主「變」，極力將後代詩之「正變」與「風雅正變」脫鉤，與詩教脫鉤，沈德潛則通過《古詩源》、《唐詩別裁》等重新確立「風雅」正統的地位。他所以用「別裁」名其書，是取杜甫《戲為六絕句》「別裁偽體親風雅」之義，有上接「風雅」的意旨。其《唐詩別裁集序》說：

　　　　有唐一代之詩，凡流傳至今者，自大家名家而外，即旁蹊曲徑，亦有其精神面目流行其間，不得謂正變盛衰不同，而變者衰者可盡廢也。

　　由此可見，沈德潛是將「變者」與「衰者」連繫在一起的，他雖然認為「變者」、「衰者」不可盡廢，但已明顯流露出「崇正抑變」的傾向，此序的後文提出「求新好異於一時」，不僅自誤，而且是誤人，又自稱「有志復古」，標榜選詩標準是「去淫濫以歸雅正」。其論「正變」自不可與葉燮同日而語。

　　另外，這一時期論「正變」有可稱述者，為何焯（義門）。何義門在《讀書記》中論及詠史詩的兩種寫法時說：

　　詠史者，不過美其事而詠歎之。概括本傳，不加藻飾，此正體也。太沖多攄胸臆，乃又其變，敘致本事，能不冗不晦。以此為難。

　　這段話從理論上說，有兩個層面。第一個層面是辨體批評，即詠史詩的寫法，什麼是「正體」，什麼是「變體」。詠史之名，起自班固。班固的詠史，只詠一事，即詠緹縈救父的，乃概括史傳而成，其詩曰：

　　三王德彌薄，惟後用肉刑。太倉令有罪，就逮長安城。自恨身無子，困急獨煢煢。小女痛父言，死者不可生。上書詣闕下，思古歌〈雞鳴〉。憂心摧折裂，晨風揚激聲。聖漢孝文帝，惻然感至情。百男何憒憒，不如一緹縈。

　　此詩的本事，《史記》〈孝文本紀〉及《史記》〈扁鵲倉公列傳〉皆有記載，班固的《詠史》，即據此概括而成，沒有太多的藻飾，語言也比較質樸，因此鍾嶸《詩品》譏其「質木無文」。班固的《詠史》詩，雖然「質木無文」，但被詩論家推為正宗，因為它既有史事的吟詠，又

有作者的感嘆，具備這兩個條件，也算與《詠史》詩的名實相符。

　　到了晉代的左思，詠史詩的傳統寫法被打破了，他的《詠史》八首，「名為詠史，實為詠懷」（張玉穀《古詩賞析》）。這是左思的創格，故被何焯稱為「變體」，實際上這種「變體」乃是「正體」的發展和提高，而且到了唐代，「名為詠史實為詠懷」的詠史之作多了起來，「變體」似乎成為「正體」，所以「正」、「變」有時是可以互為轉化的。這是第二個層面。

昌明文庫‧悅讀美學 A0606014

正變‧通變‧新變　上冊

作　　　者	劉文忠
責任編輯	楊家瑜
發 行 人	陳滿銘
總 經 理	梁錦興
總 編 輯	陳滿銘
副總編輯	張晏瑞
編 輯 所	萬卷樓圖書股份有限公司
排　　　版	菩薩蠻數位文化有限公司
印　　　刷	百通科技股份有限公司
封面設計	菩薩蠻數位文化有限公司

出　　　版　昌明文化有限公司

桃園市龜山區中原街 32 號

電話 (02)23216565

發　　　行　萬卷樓圖書股份有限公司

臺北市羅斯福路二段 41 號 6 樓之 3

電話 (02)23216565

傳真 (02)23218698

電郵 SERVICE@WANJUAN.COM.TW

大陸經銷

廈門外圖臺灣書店有限公司

　　電郵 JKB188@188.COM

ISBN 978-986-496-318-8

2019 年 7 月初版二刷

2018 年 1 月初版一刷

定價：新臺幣 260 元

如何購買本書：

1. 轉帳購書，請透過以下帳戶

　　合作金庫銀行 古亭分行

　　戶名：萬卷樓圖書股份有限公司

　　帳號：0877717092596

2. 網路購書，請透過萬卷樓網站

　　網址 WWW.WANJUAN.COM.TW

大量購書，請直接聯繫我們，將有專人為您

服務。客服：(02)23216565 分機 610

如有缺頁、破損或裝訂錯誤，請寄回更換

版權所有‧翻印必究

Copyright©2016 by WanJuanLou Books CO.,

Ltd.All Right Reserved　**Printed in Taiwan**

國家圖書館出版品預行編目資料

正變‧通變‧新變/ 劉文忠著.-- 初版.-- 桃園

市：昌明文化出版；臺北市：萬卷樓發行,

2018.01

　　面；　公分.--(昌明文庫. 悅讀美學)

ISBN 978-986-496-318-8 (上冊:平裝)

1.中國美學史

180.92　　　　　　　　　　107002514